IVO W. GREITER

ENDTAG

WENN JEDER WEISS, WANN ER STIRBT

EIN SZENARIO

TYROLIA-VERLAG · INNSBRUCK-WIEN

Mitglied der Verlagsgruppe „engagement“

Bibliografische Information Der Deutschen Nationalbibliothek
Die Deutsche Nationalbibliothek verzeichnet diese Publikation in der Deutschen Nationalbibliografie; detaillierte bibliografische Daten sind im Internet über http://dnb.d-nb.de abrufbar.

Umschlaggestaltung und Layout: Tyrolia-Verlag, Innsbruck
Druck und Bindung: CPI Moravia Books (CZ)
ISBN 978-3-7022-3204-7
E-Mail: buchverlag@tyrolia.at
Internet: www.tyrolia-verlag.at

Jetzt

Dieses Buch betrifft jeden von uns persönlich. *Jetzt.*

Wie persönlich, können Sie *jetzt* schon im Nachwort lesen.

Lesen Sie es *jetzt.*

Jeder ist in seiner ganz persönlichen Endlichkeit als Mensch betroffen. Schon *jetzt.*

Warum?

Weil jeder von uns *jetzt* schon weiß, dass er sterben wird.

Er weiß *jetzt* nur noch nicht, wann.

Wenn er *jetzt* wüsste, wann, würde er sein Leben mehr danach ausrichten.

Vor allem die letzten Jahre, Monate und Tage. *Jetzt* schon.

Das Buch geht von einer irrealen, utopischen Situation aus: Durch eine gentechnische Analyse der Zellen wird bei jedem Menschen gleich nach seiner Geburt *jetzt* schon festgestellt, wann sein Endtag, also sein Todestag, sein wird.

Der Tag des Todes wird dann auch in die Geburtsurkunde als Endtag eingetragen. Das *jetzige* Wissen um seinen Todestag begleitet somit jeden Menschen von seiner Geburt bis zu seinem Lebensende.

Vieles, was bisher im Leben entscheidend war, wird *jetzt* in den Hintergrund gedrängt. Weil der Endtag dem Betroffenen, seiner Familie, seiner nächsten Umgebung und den Behörden schon *jetzt* bekannt ist.

Auch das gesellschaftliche Leben und das Leben jedes einzelnen Menschen sind *jetzt* betroffen. Das Wissen um den Endtag hat weit reichende Einflüsse auf den konkreten Alltag jedes Menschen. Und das ist Gegenstand dieses Buches. Ausbildung, Erziehung, Partnerwahl, Berufswahl, Karriere, Stellung in der Familie, Stellung in der Gesellschaft, Pensionsversicherung und viele andere Bereiche sind betroffen.

Wobei eigentlich jeder schon *jetzt* so leben könnte, als ob ihm sein Todestag bekannt wäre. Jeder könnte sein Leben ab heute so leben, als ob er in gezählten soundso viel Tagen, Monaten oder Jahren seinen Todestag hätte, und dieses Datum nach seinen Vorstellungen fiktiv festlegen. Versuchen Sie es doch einmal – *jetzt*!

Sie könnten dann Ihr Leben danach ausrichten. Wissen Sie doch schon *jetzt* ganz sicher, dass Ihr Todestag eines Tages kommen wird. Diese fiktive Festlegung brächte vielleicht nach dem ersten Schock eine Befreiung von Ängsten und eine Fülle von neuen Denkanstößen.

Aber, wie gesagt, mehr dazu im Nachwort.

Inhalt

Wesentliche Informationen

Die fiktive Situation als Grundlage dieser utopischen Geschichten

Zeitliche Übersicht:
13. Dezember 1953:
Erste Forschungsergebnisse aus Genanalysen

19. März 2000:
Erfolgreicher Durchbruch in der Forschung

Seit dem Jahr 2010:
Breiter Versuch bei zahlreichen alten Menschen

Seit 19. März 2015:
Gesetzliche Pflicht zur Ermittlung der Lebenskapazität gleich nach der Geburt

Seit 1. Januar 2020:
Gesetzliche Pflicht zur Eintragung des Endtages in die Geburtsurkunden der Neugeborenen

Seit 1. Januar 2025:
Möglichkeit für alle älteren Menschen zur kostenlosen Nachholung der Ermittlung ihrer Lebenskapazität und ihres Endtages; ohne Sanktionen, wenn dies nicht gemacht wird

Gentechnische Analyse der Zellen:
Durch eine Genanalyse wird gleich nach der Geburt eines Menschen die Zahl der Tage, die er leben wird, also die Dauer seines Lebens festgestellt.

Endtag:
Der aus der Genanalyse ermittelte Todestag des einzelnen Menschen

Lebenskapazität:
Sie gibt die Anzahl der Tage von der Geburt bis zum Endtag, also bis zum Todestag, an.

1. Die Entbindungsstation

Alle blickten gespannt auf die Tür mit der Aufschrift „Gentechnische Analyse“. Bis jetzt war alles gut gelaufen. Wie sehr hatten Sie sich zu ihren beiden Buben ein Mädchen gewünscht. Und vorgestern hatte Erna ein Mädchen geboren, und zwar ein gesundes. Das war in Zeiten der sich laufend verschlechternden Luftqualität und der zunehmenden Umweltbelastungen gar nicht mehr so selbstverständlich.

Plötzlich geht die Tür auf. Zwei Ärzte in weißen Kitteln und mit ernsten Gesichtern fragen sich zum Ehepaar Arkostel durch. „Ist die neugeborene Belinda Ihre Tochter?“, kommt die vorsichtige Frage. „Ja.“ Die Eltern werden in ein kleines Besprechungszimmer gebeten.

Ihnen schwant Furchtbares. Und da kommt es auch schon: „Ihre Tochter hat eine Lebenskapazität von 3656 Tagen.“ Die Eltern sind geschockt. Ihre Augen füllen sich mit Tränen.

Nur 3656 Tage. Endgültig. Keinen Tag mehr. Zehn Jahre waren ihrer kleinen Belinda an Lebenszeit beschieden. Genau zehn Jahre und sechs Tage. Schaltjahre nicht berücksichtigt.

Die Eltern verlassen schweigend den Raum. In wenigen Tagen würden sie es schwarz auf weiß lesen.

In der Geburtsurkunde stand es dann auch:

Belinda Arkostel

Geburtstag 31. Oktober 2026

Endtag 4. November 2036

Die Krankenhäuser wurden auf den Entbindungsstationen als Erste mit den neuen Problemen konfrontiert. Eine gewisse Erfahrung hatte das Krankenhauspersonal ja schon. Es war auch schon in der Vergangenheit manchmal vorgekommen, dass Kinder tot geboren wurden oder wenige Minuten nach der Geburt starben.

Aber die jetzige Situation war neu. Für die Eltern war es ein schwerer Schlag, Stunden nach der Geburt aus der gentechnischen Analyse zu erfahren, dass ihr Kind nur wenige Jahre, Monate, Wochen oder Tage zu leben hatte. Wie beim Ablaufdatum eines Lebensmittels.

Zum Glück waren diese Fälle die Ausnahme. Aber es gab sie. Wie sollte man den betroffenen Eltern, die glücklich über die Geburt ihres Kindes waren, schonend vermitteln, dass das Kind nicht über das Kindergarten- oder Volksschulalter hinaus leben würde, einfach weil die Lebenskapazität nicht weiter reichte?

Manchmal spielten sich erschütternde Szenen im Krankenhaus ab. Die Ärzte und das Pflegepersonal waren anfangs meist hilflos. Seit kurzem sind sie speziell für diese Situation ausgebildet. Ziel war es, den Eltern zu vermitteln, dass auch ihr Kind einmalig und von ganz besonderem Wert war und dass auch ein kurzes Leben eine ganz besonders intensive Beziehung und Bereicherung bringen kann.

2. Die Gewöhnung an das Ungewöhnliche

„Soll ich meine Lebenskapazität feststellen lassen oder nicht?“ Kaum ein Thema wurde seit 2015 so heftig diskutiert.

Einem Forscher der Universität Innsbruck war es im März 2000 gelungen, zu ermitteln, wie viel Lebenserwartung eine Katze noch vor sich hatte, bis ihr Organismus versagen und sie sterben würde. Der Forscher konnte dies aus der gentechnischen Analyse der Zellen der Katze ermitteln. Auf den Tag genau. Unfassbar.

Es folgten weitere Untersuchungen bei Tieren. Dann wurde der Mensch analysiert. Schließlich wurden die bei den Tierversuchen gemachten Berechnungen auf den Menschen übertragen. Es stellte sich heraus, dass die Ergebnisse der Tierversuche auch für Menschen gültig waren. Das schlug ein wie eine Bombe.

Bei einem neugeborenen Buben kamen die Forscher zum Ergebnis, dass dieser nur eine Lebenserwartung von 149 Tagen hatte. Der Knabe schien völlig gesund. Deshalb hatte man auch erhebliche Zweifel. Aber am 149. Tag starb er. Herzversagen.

Seit 2010 untersuchte man in einem breiten Feldversuch alte Menschen. Bei jedem wurde die restliche Lebenszeit ermittelt. Und alle, die im Beobachtungszeitraum ihren Endtag hatten, starben genau am errechneten Tag!

Man sprach in der Öffentlichkeit von einer Häufung von Zufällen. Man wollte noch nicht wahrhaben, dass der Endtag, also der Todestag, schon in den Genen programmiert war und jetzt im Vorhinein ermittelt werden konnte.

Es wurde dann mit 10.000 Freiwilligen ein weiterer Versuch gestartet. Bei jedem wurde der genaue Endtag ermittelt. 2822 von ihnen würden in den nächsten vier Jahren sterben. Drei starben schon vorzeitig durch Unfälle. Aber die restlichen 2819 Testpersonen starben genau an dem Tag, der aus der Genanalyse als Endtag ermittelt worden war. Es war nicht zu fassen.

3. Sie passten so gut zusammen

Dora zuckte zusammen. Ein Blick hatte sie getroffen, nur zwei oder drei Sekunden lang, aber er durchfuhr ihren ganzen Körper. Sie war schon 22. Und sie war schon mit einigen Burschen befreundet gewesen, manchmal mehr, manchmal weniger, aber das war ihr noch nie passiert.

Vor allem noch nie in einer Disco. Der junge Mann stand an der Theke. Sie schätzte ihn auf etwa 23 Jahre. Er wirkte schüchtern, ja fast unbeholfen und verlegen. Aber der Blick, der sie getroffen hatte, hatte sie völlig aus dem Gleichgewicht gebracht.

Sie spürte, wie sie sich, ohne zu überlegen, automatisch erhob. Es zog sie in Richtung Bar. Sie würde ein Getränk holen. Fast selbstverständlich stellte sie sich neben ihn und verlangte einen Wodka Feige.

Mit einem verlegenen „Hey“ drehte er sich zu ihr: „Ich heiße Cyril.“ Jetzt konnte sie ihn aus der Nähe betrachten. Sie wusste nicht, weshalb, aber seine braunen Augen strahlten etwas aus, das sie in Hitze brachte. Ihr Herz hämmerte wie wild und sie wusste nicht, wieso.

War er doch genau das Gegenteil der coolen, immer den Ton angebenden Typen, die täglich die Disco dominierten. Cyril hatte einfach etwas, das sie faszinierte. „Ich heiße Dora“, brachte sie heraus. Cyril lächelte sie an. „Lass uns tanzen.“

Dora hatte gar keine Zeit zu überlegen. Er nahm einfach ihre Hand. Nicht beherrschend, sondern fast zärtlich. Am Parkett nahm er sie in den Arm. Sie spürte die enge Nähe seines Körpers und empfand es zu ihrer Überraschung gar nicht als unangenehm.

Es lief gerade eine uralte Schnulze. Total sentimental. Schon über 90 Jahre alt. Dora spürte die Bewegungen von Cyril und stellte fest, dass sie sich immer mehr an ihn schmiegte, ihre Wange an seine legte. Sie hatte fast das Gefühl, als hätte sich ihr Körper selbständig gemacht. Sie spürte, ihre Körper passten total zusammen, zumindest beim Tanzen.

Sie erzählten sich von ihren Hobbys, ihren beruflichen Tätigkeiten. Sie war auf der Universität, studierte Psychologie und war nachmittags als Kellnerin im Bergisel-Restaurant in Innsbruck tätig.

Sie brauchte das Geld. Sie wollte in zwei Jahren ihr Studium beenden. Nach einigen Jahren Unterricht wollte sie heiraten und Kinder bekommen. Er war 26 und hatte gerade sein Medizinstudium in kürzester Zeit abgeschlossen.

Den Rest des Abends tanzten sie miteinander oder unterhielten sich. Er begleitete sie nach Hause. Sie verabschiedeten sich. Ganz zart berührte er ihre Lippen mit den seinen. Wenn seine Zunge ins Spiel kommt, dachte sie, dann bin ich ihm ausgeliefert. Er küsste die Innenfläche ihrer Hand, eine kleine, aber sehr intime Geste, die ihr sein Begehren offenbarte.

Sie verabredeten sich für den nächsten Tag. Dora spürte, dass sie sich Hals über Kopf verliebt hatte. Sie war sicher, dass er sie auch mochte. Aber irgendetwas war mit ihm. Etwas Eigenartiges. Sie wusste nicht, was es war. Aber es stand wie eine unsichtbare Mauer zwischen ihnen.

Sie gingen zwei Monate miteinander. Sie wurden immer vertrauter und intimer. Alles schien zu passen. Dora wusste, so stelle ich mir den Vater meiner Kinder vor. Aber etwas stand einfach zwischen ihnen. Sie wusste nicht, was sie damit anfangen sollte. Sie konnte es nicht einmal definieren oder beschreiben, es war einfach da.

Bis sie ihn eines Tages direkt fragte. Er warf ihr einen langen Blick zu. Voll von Zärtlichkeit und Wehmut. „Ja“, sagte er, „es gibt etwas, von dem ich dir noch nichts erzählt habe.“ Sie nahm ihn in die Arme und drückte ihn, weil sie spürte, wie schwer es ihm fiel, darüber zu sprechen.

„Meine Lebenskapazität ist 29 Jahre, zwei Monate und drei Tage.“ Dora spürte, wie ihr Körper plötzlich unter Schock stand. Aus der Traum. Nur mehr etwas über drei Jahre hatte Cyril zu leben. Und dann würde es aus sein. Sie konnte sich nicht vorstellen, Cyril zu heiraten mit dem Bewusstsein, ihre Kinder allein oder mit einem anderen Mann aufziehen zu müssen.

Ihre Eltern hatten es ihr seit ihrer Jugend immer wieder vermittelt. Heirate nie einen Mann mit einer kurzen Lebenskapazität, hieß es. Und jetzt hatte sie sich gerade in so einen verliebt.

Schmerzhaft spürte sie, wie ihr Interesse an Cyril abnahm. Sie versuchte, sich dagegen zu wehren. Mit aller Kraft. Aber sie spürte, dass sie ihren Kampf um Cyril verlieren würde. Und sie spürte, dass es an ihr lag. Dass es ihre Entscheidung sein würde.

Nur noch drei Jahre und dann aus. Das wollte sie nicht. Sie sah die Tränen in seinen Augen. Er meinte, er sei ihr nicht böse: „Aber so geht es mir immer, wenn ich jemanden kennen lerne, den ich sehr mag."

4. Heftige Reaktionen auf die Ergebnisse der Forschung

Wer hätte sich am 13. Dezember 1953 vorstellen können, dass die Ergebnisse der Forschung in einem kleinen Labor in Innsbruck zu so einer Veränderung im Lebensbewusstsein führen würden! Die Meldung lief damals über die Nachrichtenagenturen der ganzen Welt. Sie klang harmlos und passte in den Bereich der Skurrilitäten.

Aber als sich abzeichnete, dass es tatsächlich möglich sein würde, die Lebenskapazität jedes Menschen gleich nach der Geburt festzustellen, entbrannten heftige Diskussionen: Soll man den Endtag überhaupt ermitteln? Soll der Betroffene ihn kennen? Soll er in der Geburtsurkunde offiziell festgehalten werden? Wer soll außer dem Betroffenen informiert werden?

Wäre dieses Wissen über den Endtag wirklich zum Wohle der Menschheit und des Betroffenen? Mit welchen negativen Auswirkungen müsste man rechnen? Sollte das Ganze nicht von vornherein verboten werden?

Unzählige Fragen und kaum verlässliche Antworten waren die Folge:

- Wollen die Menschen ihren Endtag wissen?
- Wie geht man mit jenen um, die gegen dieses Wissen Widerstand leisten?
- Ist das Wissen um den Todestag eine Erleichterung?

z. B. bei Krankheit und starken Schmerzen. Oder werden die Hoffnung auf Besserung und der Mut, gegen die Krankheit zu kämpfen, genommen?

- Wird jeder Tag bewusster erlebt, vielleicht sogar mit mehr Heiterkeit und Freude? Wird das Wissen um den Todestag zu einer positiven Veränderung des Lebensstils führen oder wird das Gegenteil der Fall sein?
- Bringt das Wissen um den Todestag wirklich einen Fortschritt? Ist es nicht eine Grundlage unserer abendländischen Lebensphilosophie, dass wir den Todestag eben nicht wissen? Wird die Würde des Menschen durch dieses Wissen in Frage gestellt?
- Wird den Menschen die Angst vor dem Sterben und dem Tod genommen oder wird sie im Gegenteil verstärkt? Kann das Wissen um den Endtag vermehrt Selbstmorde auslösen?
- Wird das Wissen um den Todeszeitpunkt nicht eher als Horror empfunden werden und Menschen in Verzweiflung stürzen?
- Wie werden psychisch labile Menschen die Information über ihren Endtag verkraften? Wird dieses Wissen Panik, Hoffnungslosigkeit und Depression auslösen?
- Wird das Wissen um einen nahen Todestag dazu führen, dass Menschen ihre Gewaltphantasien ausleben, vermehrt für Selbstmordattentate zur Verfügung stehen? Werden Aggression und Chaos zunehmen?
- Laufen Menschen mit kurzer Lebensdauer Gefahr,

in „Null-Bock-Mentalität“ zu verfallen und ein hemmungsloses Leben zu führen?

- Wird das Wissen um den Todestag die schöpferische Kraft des Menschen hemmen und dem Leben Spannung und Spontaneität nehmen?
- Wird die Bestimmbarkeit des Endtages zu völlig neuen Konflikten führen, vielleicht in besonders lang dauernden Abschiedssituationen?
- Ist die Diskriminierung von Menschen mit kürzerer Lebenszeit oder mit langer Pflegezeit zu verhindern? Oder wird man diese ausgrenzen, beruflich auswechseln oder emotional abschreiben?

Fragen über Fragen!

Die Diskussion dieser Gedanken in der Öffentlichkeit war ungeheuer intensiv: Fernsehdiskussionen, Radiosendungen, Leitartikel, Vortragsreihen, Leserbriefe, Podiumsdiskussionen, Internetforen, pragmatische Erklärungen der politischen Parteien, der Kirchen, der Universitäten und anderer Institutionen hielten die Bevölkerung monatelang in Atem.

Jeder wusste etwas dazu zu sagen, jeder fühlte sich in seinem Innersten betroffen. Er war es ja auch.

5. Diese Begegnung wird die letzte sein

Rudi freute sich auf das Treffen mit Sabine. Sie war auf der Durchreise nach Italien. Sie hatten sich für heute zum Abendessen verabredet. Heute, 14 Tage vor seinem Endtag.

Ob sie sich noch erinnerte, dass in zwei Wochen sein Endtag war? Ihren Endtag wusste er nicht mehr. Nach der Universität hatten sie sich aus den Augen verloren. Nur mehr sporadische Kontakte, wenn sie nach Innsbruck oder er nach München kam.

Sie erinnerte sich nicht mehr. Denn sie fragte, wo er im nächsten Sommer seinen Urlaub verbringen würde.

„Es wird keinen Urlaub mehr geben. In 14 Tagen ist mein Endtag“, erklärte er ihr. „Oh“, war ihre überraschte Reaktion, „das wusste ich nicht mehr.“ „Macht nichts, ich weiß deinen Endtag ja auch nicht mehr.“

„Ich habe noch 35 Jahre“, erklärte ihm Sabine. Das Gespräch stockte. Jeder hing seinen Gedanken nach. „Was sind denn deine Pläne für die nächsten 14 Tage?“, ging Sabine direkt auf das für ihn wichtigste Thema los. Es hatte keinen Sinn, so zu tun, als ob nichts wäre.

Sie wusste das von vielen Gesprächen, die sie im Rahmen der Telefonseelsorge in München geführt hatte. Immer, wenn Leute mit nahem Endtag anriefen, wollten sie darüber sprechen. Offenbar, weil es in ihrer nächsten Umgebung keine Menschen gab, bei denen sie sich aussprechen konnten.

Jeder hatte das Bedürfnis nach einem persönlichen Gesprächspartner, wenn die Tage bis zum Endtag spürbar weniger wurden.

Es war immer wieder eigenartig. Seit Jahrzehnten wussten die Leute, wann ihr Endtag war. Und dass jeder Tag ein Tag weniger Leben war. Und trotzdem: Viele schoben die Zeit bis zum Endtag vor sich her, als ob es ihn nicht gäbe.

Auch früher war es selten, dass gesunde Menschen über ihr Sterben und ihren Tod sprachen. Aber früher wusste man ja nur, „dass", und nicht „wann". Oft lebte man in den Tag hinein, ohne daran zu denken, dass jede Stunde etwas Einmaliges, etwas nicht Wiederholbares im eigenen Leben war.

Nur bei Menschen, die Leukämie oder ähnliche kaum heilbare Krankheiten hatten, konnte man schon früher spüren, wie sie jede Stunde bewusst lebten. Denn sie wussten, dass die Krankheit in der Regel in absehbarer Zeit zum Tode führen würde.

Jede Stunde, die vorbeiging, war eine, die nicht wiederkam. Eine Stunde näher zum Tode. Und im Wissen vom nahen Tod hat jede einzelne Stunde ein ganz anderes Gewicht.

Eigenartig war für Rudi und Sabine nur, dass man früher alles, was mit dem Tode zu tun hatte, besonders wenn es einen selbst oder Angehörige betraf, so massiv aus den Gesprächen verdrängt hatte.

„Ich werde mit meiner Frau und unseren vier Kindern drei Tage durch die Dolomiten wandern und dann vier Tage am Gardasee im Hotel du Lac et du Parc Ferien machen. Und dann geht es zurück nach Innsbruck. Dort möchte ich mich von Freunden in persönlichen Gesprächen verabschieden", kam Rudi auf Sabines Frage nach den Plänen für die nächsten 14 Tage zurück.

Rudi hatte etwas Angst vor seinen regelmäßigen Stammtisch- und Klassentreffen. War es doch bisher immer so, dass die ganze Runde still wurde, wenn einer der Anwesenden auf seinen bevorstehenden Endtag zu sprechen kam.

Niemand wusste so richtig, wie man auf diese Mitteilung reagieren sollte: Den Betreffenden bemitleiden, ihn ausfragen, von ähnlichen Fällen berichten, einfach darüber hinweggehen? Rudi wollte dieser Situation ausweichen und zog es vor, sich von den einzelnen Freunden ganz persönlich zu verabschieden.

„Und das Gespräch mit dir, Sabine, ist das erste Abschiedsgespräch, das ich führe", erklärte Rudi weiter. Sabine war etwas überrascht, dass nun er das Thema Endtag so direkt anging. Aber es war ihr überhaupt nicht unangenehm. Ganz im Gegenteil.

Sie wusste das Vertrauen zu schätzen, das jetzt Grundlage ihres Gespräches war. Er erzählte ihr, wie er die letzten Tage und Monate erlebt hatte. Wie es ihm gelungen war, seine kurze Lebensdauer zu verarbeiten. Er würde ja schließlich nur 39 Jahre alt werden.

Sie spürten, dass die Vertrautheit, die sie während

des gemeinsamen Studiums empfunden hatten, nach wie vor da war.

Es war für beide ein Erlebnis, zu spüren, dass durch die Erinnerungen an die gemeinsamen Vorbereitungen auf Prüfungen, an die vielen gemeinsamen Feiern und an den alten Freundeskreis die Atmosphäre der Universitätsstadt wieder lebendig wurde. Dies in einem Maß, als hätten sie sich seit dem Studium jeden Monat getroffen und nicht nur alle zwei bis drei Jahre.

Als sie sich trennten, fielen sie sich noch in die Arme und verharrten fast eine Ewigkeit in der Umarmung. Sie konnten die Tränen kaum zurückhalten. Beide wussten, das war das letzte Mal. Und das gab dieser Umarmung die ganz tiefe letzte Bedeutung.

6. Massive Widerstände blieben erfolglos

Es gab lebhafte öffentliche Diskussionen. Zahlreiche Einzelpersonen und viele Organisationen wehrten sich gegen die routinemäßige, automatische Feststellung des Endtages gleich nach der Geburt. Aber alle Demonstrationen und Initiativen mit dem Ziel, dies zu verhindern, die ganzen kritischen öffentlichen Diskussionen blieben ohne Erfolg. Die österreichischen Politiker setzten sich über die Bedenken und Widerstände hinweg.

Schließlich wurde beschlossen, dass es ab dem 19. März 2015 Pflicht wird, bei allen Neugeborenen die Lebenskapazität festzustellen und die Eltern darüber zu informieren.

Es war dann nur mehr ein kleiner Schritt bis zur entsprechenden Verordnung des Sozialministers. Darin wurde festgelegt, dass ab 1. Jänner 2020 der Endtag auch in die Geburtsurkunde eingetragen werden musste. Die Kosten der Genanalyse würde der Staat tragen.

Ältere Menschen erhielten durch diese Verordnung das Recht, sich kostenlos den Endtag bestimmen zu lassen. Es wurden immer mehr, die sich bereit erklärten, die Genanalyse für sich machen zu lassen. Entweder völlig freiwillig oder durch sanften Druck der Familie, des Dienstgebers oder des Freundeskreises. Man wollte schließlich auch selber wissen, woran man war. Für die Familien war es für die Planung in finanzieller und räumlicher Sicht wichtig, manchmal auch wegen eines geplanten Fernreiseurlaubes.

Die Auswirkungen auf die einzelnen Menschen waren sehr verschieden. Die einen wurden in ihrer Spontaneität gebremst, bei den anderen führte es zu einer ungeahnten Entfaltung und Umsetzung von spontanen Ideen. Diese unterschiedlichen Verhaltensweisen konnte man in vielen Lebensbereichen beobachten.

7. Er bewarb sich trotzdem

„Leiter des psychologischen Dienstes für ein führendes Unternehmen in der Baubranche gesucht. Einschlägige Erfahrung Voraussetzung. Mindestalter 35 Jahre. Restliche Lebenskapazität mindestens 20 Jahre. Zuschriften unter Beilage der üblichen Unterlagen unter Chiffre Nr. 60 62 22 88 an die Redaktion."

Julius las das Inserat dreimal. Eine Stelle, die auf ihn zugeschnitten schien. Wenn nur nicht diese blöde restliche Lebenskapazität von 20 Jahren gewesen wäre. Er war 40 Jahre alt und hatte noch eine restliche Lebenskapazität von 18 Jahren. Es war schwer, eine Stelle zu finden mit einer restlichen Lebenskapazität von weniger als 20 Jahren.

Julius fühlte sich in der Klemme. Wie in einer Schere, die von Tag zu Tag ein bisschen weiter zuging. Aber probieren wollte er es auf jeden Fall. Der Personalchef schien rundum zufrieden zu sein. Dann kam die unvermeidbare Frage nach der restlichen Lebenskapazität. „Noch etwas über 18 Jahre", presste Julius heraus.

„Aber im Inserat wiesen wir doch ausdrücklich darauf hin …", schüttelte der Personalchef den Kopf. Julius erklärte, warum er sich trotzdem beworben hatte. Vor allem wies er auf seine ausgezeichneten Zeugnisse und seine jahrelange einschlägige Erfahrung hin.

Der Personalchef hörte aufmerksam zu, ohne ihn zu unterbrechen. Er werde es dem Vorstand zur Entscheidung vorlegen, dieser habe ja schließlich als restliche Lebenskapazität 20 Jahre festgelegt. Er, der Personalchef, werde sich dafür einsetzen, dass er die Stelle trotzdem bekäme.

Eine Woche später öffnete Julius mit zittrigen Händen den Brief des Bauunternehmens. Er jubelte. Eingestellt. Arbeitsbeginn am kommenden Monatsersten. Nur eine Kopie des Geburtsscheines samt Eintragung des Endtages müsse er noch senden. Julius konnte es kaum fassen.

Nach so vielen vergeblichen Bewerbungen endlich eine positive Entscheidung. Er beglückwünschte sich, dass er sich trotz seiner zu kurzen restlichen Lebenskapazität beworben hatte.

Es stimmte schon, was ihm seine Eltern so oft gesagt hatten: Man muss manchmal auch das Unmögliche versuchen, damit das Mögliche möglich wird. Oft habe man damit Erfolg. Und jetzt hatte er Erfolg!

8. Wie das Wissen um den nahen Tod früher das Leben verändert hat

Bevor die allgemeine Eintragung des Todestages in die Geburtsurkunde eingeführt wurde, hatte man oft diskutiert, wie es wohl wäre, wenn man seinen Todestag schon zu Lebzeiten wüsste. Früher kannte man ihn nur in Ausnahmesituationen.

Da waren einmal Menschen, die in Diktaturen wie der NS-Zeit zum Tode verurteilt wurden. Sie wussten, dass ihre Hinrichtung in den nächsten Tagen, vielleicht schon morgen, erfolgen würde.

Von Dietrich Bonhoeffer (1906–1945) ist überliefert, dass er sich am Vortag seiner Hinrichtung von einem Vertrauten mit den Worten verabschiedete: „Das ist das Ende – für mich der Beginn des Lebens" (Eberhard Bethge: Dietrich Bonhoeffer – eine Biographie, 9. Auflage 2005, S. 1037).

Ähnlich gefasst schreibt Alfred Delp SJ (1907–1945): „Das Todesurteil ist beantragt, die Atmosphäre ist so voll Hass und Feindseligkeit, dass heute mit seiner Verkündigung und Vollstreckung zu rechnen ist … Gegen Mittag werde ich noch zelebrieren und dann in Gottes Namen den Weg seiner Fügung und Führung gehen" (Alfred Delp: Im Angesicht des Todes, Herderbücherei 1958, S. 171). Diese überlegene Gelassenheit von Alfred Delp zeigt sich auch in seiner

Mitteilung an den Henker direkt vor der Hinrichtung: „In zehn Minuten weiß ich mehr als Sie!“ (Beneder: Wohin gehe ich?, S. 18).

Der Innsbrucker Student Christoph Probst (1919–1943), der wegen Hochverrats am 22. Feber 1943 hingerichtet wurde, schreibt in seinem Abschiedsbrief: „Ich wusste nicht, dass Sterben so leicht ist. Ich sterbe ohne Hassgefühle“ (Beneder: Wohin gehe ich?, S. 15).

Auch der Ordensmann Jakob Gapp (1897–1943), der ebenfalls unter dem NS-Regime hingerichtet wurde, äußerte sich in seinem Abschiedsbrief an seine Verwandten zuversichtlich: „Wenn Ihr diesen Brief in Händen habt, bin ich schon in einer besseren Welt … Ich bin restlos glücklich … Nach schwerem Ringen bin ich so weit, dass ich den heutigen Tag als den schönsten meines Lebens betrachte“ (Beneder, aaO).

Ähnlich der ebenfalls unter dem NS-Regime hingerichtete Jesuit Johann Schwingshackl (1887–1945). Seine letzten niedergeschriebenen Sätze lauteten: „Weinet nicht, wenn ihr diese Zeilen lest. Freuet Euch alle mit mir, der Tag der Hinrichtung ist uns allen ein Festtag“ (Beneder, aaO, S. 18).

Aus diesen fünf Aussagen, die stellvertretend für viele andere stehen, ist die tiefe Gelassenheit zu erkennen, mit der diese Menschen in den Tod gegangen sind.

Eine weitere Gruppe von Menschen, die von ihrem nahen Tod wissen, sind Verbrecher, die zum Tode verurteilt wurden. Vor allem die Zeugnisse aus den USA sind interessant. Viele Menschen versuchen durch Begnadigungsgesuche, die Hinrichtung doch noch aufzuschieben, vielleicht sogar zu vermeiden.

Manchmal verzögert sich die Hinrichtung dadurch um Jahre. Aber es gibt auch Verurteilte, die jedes Gnadengesuch ablehnen, weil sie den Tod akzeptieren und nicht jahrelang in Unsicherheit leben wollen.

Eine dritte Gruppe sind die unheilbar Erkrankten, deren Lebensende durch Krebs oder andere schwere Krankheiten in naher Zukunft ganz konkret bevorsteht.

Einige haben Bücher über ihren Umgang mit dieser Situation und dem Wissen darüber geschrieben. So Bruno Seiser: „Am Wendepunkt – die Wirklichkeit" (1979), Peter Noll: „Diktate über Sterben & Tod" (1984), Jörg Mauthe: „Demnächst oder der Stein des Sisyphos" (1986), Tiziano Terzani: „Noch eine Runde auf dem Karussell – vom Leben und Sterben" (2007) und vom gleichen Autor: „Das Ende ist mein Anfang" (2007), Kurt Peipe: „Dem Leben auf den Fersen" (2008), Christoph Schlingensief: „So schön wie hier kann's im Himmel gar nicht sein" (2009), David Servan – Schreiber: „Man sagt sich mehr als einmal Lebewohl" (2012).

Es gab die gelassene Akzeptanz des Todes. Es gab auch das Bemühen, den Kampf gegen den Tod mit allen medizinischen Mitteln zu führen. Oder es gab die Ablehnung jeder weiteren medizinischen Behandlung, um das Leben in Ruhe und Freude abschließen zu können.

Dazu finden sich wertvolle Gedanken aus vier Jahrhunderten:

Von Papst Johannes Paul II. (1920–2005) ist überliefert, dass er kurz vor seinem Tode an seine Umgebung die Worte richtete: „Ich bin heiter, seid es auch“ (Beneder, aaO, S. 19).

Über die von Woche zu Woche kleiner werdende Todesangst berichtet Birgit Hamann, die mit ihrem Leberkrebs nur noch wenige Monate zu leben hatte: „Je mehr ich den Tod in meine Gedanken reinlasse, umso weniger bedrohlich wird er. Der Tod gehört ja zum Leben. Ich wachse da rein“ (Zeitschrift GEO Wissen, 2005, Nr. 36, S. 110).

Der krebskranke Tiziano Terzani (1938–2004) wurde von seiner Frau gefragt: „Hör mal, wenn jemand anriefe und uns von einem Mittel erzählte, mit dem du noch zehn Jahre weiterleben könntest, würdest du es nehmen?“ Er antwortete mit einem ganz spontanen „Nein. Ich würde es nicht nehmen, ich will nicht noch zehn Jahre leben.“

Und später meinte er: „Der letzte Akt des Lebens, den man Tod nennt, macht mir keine Angst, denn darauf habe ich mich vorbereitet“ (Terzani: Das Ende ist mein Anfang, 8. Auflage 2007, S. 9 f).

In einem Interview äußerte sich die seit 1988 krebskranke Karin E. Leiter: „Ich bin am Leben, auch wenn ich sterbe ... Es ist mir der Tod genauso wertvoll wie das Leben“ (Karin E. Leiter: „Ich sterbe für mein Leben gern“, Ehe und Familie, April 1993, S. 8).

Vom englischen Naturwissenschaftler Charles Darwin (1809–1882) sind als letzte Worte überliefert: „Ich habe kein bisschen Angst vor dem Sterben.“

Der russische Schriftsteller Fjodor Michailowitsch Dostojewski (1821–1881) äußerte sich gegenüber seiner Frau: „Hast du verstanden? Halte mich nicht zurück! Meine Zeit ist gekommen, ich muss sterben!" und der englische Maler William Etty (1787–1849) soll gesagt haben: „Wunderbar! Wunderbar! Dieser Tod!"

Der US-amerikanische Schauspieler Douglas Fairbanks sen. (1883–1939) hat vor seinem Tode gesagt: „Ich habe mich nie besser gefühlt" und auch vom englischen Politiker Charles James Fox (1749–1806) sind als letzte Worte überliefert: „Ich sterbe glücklich" (alle: http://de.wikipedia.org/wiki/ Letzte_Worte, 2. 8. 2008).

Diese Berichte stammen von besonderen Menschen. Einige haben ihr Leben ganz bewusst für oder gegen eine bestimmte Ideologie eingesetzt, einfach aus tiefster Überzeugung.

Eine allgemein gültige Erfahrung, wie mit dem Wissen um den nahen Todestag üblicherweise umgegangen wurde, lässt sich von diesen Erfahrungen aber wohl kaum ableiten.

9. Die Versorgungsehe

Jeremias war fassungslos. Er, der begehrte Junggeselle von 32 Jahren, hatte gestern durch die nachträgliche Genanalyse erfahren, dass er nur mehr knappe zwei Jahre zu leben hatte. Er bekam Angst. Einfach Angst. Auch deshalb, weil er ein nicht gerade kleines Vermögen geerbt hatte.

Er hatte Angst, einer Frau in die Hände zu fallen, die ihn unbedingt heiraten wollte, weil er einerseits vermögend war und sie andererseits die Sicherheit hatte, dass er in zwei Jahren tot sein würde.

Als seine Witwe würde sie zumindest einen großen Teil seines Vermögens erben. Auch wenn er sie auf den Pflichtteil setzte, würde sie immer noch sehr viel bekommen.

Er überlegte auch, ob er zu Lebzeiten sein Vermögen verschenken sollte. Da wurde ihm aber wieder bewusst, dass er dann vielleicht mit seinem Endtag in zwei Jahren zu wenig attraktiv war für eine Partnerin. Ob er dann überhaupt noch jemanden für den Rest seines Lebens finden würde?

Und so dachte sich Jeremias, es sei gescheiter, eine Frau zu haben, mit der er den Rest seines Lebens verbringen konnte, als allein über die nächsten zwei Jahre zu grübeln. Wenn er in sich hineinhörte, spürte er den sehnlichen Wunsch nach Zweisamkeit. Auch aus diesen Gründen überlegte er, Karoline zu heiraten.

Er wusste, dass Karoline mit ihren 29 Jahren schon zwei Kurzzeitehen hinter sich hatte. Jedes Mal war sie als Erbin recht gut ausgestiegen. Er wusste, dass die jetzige Heirat nicht nur eine Liebesheirat, sondern auch eine Versorgungsheirat sein würde. Und zwar für beide.

Aber er fürchtete, dass sich eine „normale" Frau nicht mehr in ihn verlieben und ihn deshalb heiraten würde. Das war nicht mehr drin. Normale Frauen, vor allem solche mit Kinderwunsch, würde sein Endtag in zwei Jahren abschrecken. Keine würde ernsthaft bereit sein, sich auf eine Beziehung von nur zwei Jahren einzulassen. Außerdem stand er unter einem massiven Zeitdruck. Und so war es Jeremias letztlich doch sehr recht, dass er Karoline gefunden hatte.

Sicher, sie wusste auch von seinem Vermögen und seinem Endtag. Aber nach dem, was er von ihren beiden vorhergehenden Ehen wusste, fühlten sich beide Ehemänner bis zuletzt, also bis zu ihrem jeweiligen Endtag, sehr wohl in ihrer Begleitung. Vielleicht war Karoline auch bereit, einen Pflichtteilsverzicht abzugeben. Dann könnte er sein ganzes Vermögen vererben, wie er wollte.

So beschloss Jeremias schließlich, Karoline zu ehelichen. War es doch viel angenehmer, die restliche Lebenszeit zu zweit zu verbringen.

10. Radikale Umstellungen

Am Anfang wurde es noch als Skurrilität empfunden. Viel Aufwand für wenig praktische Anwendungen. Erst unmerklich, aber dann immer schneller gewann die Frage nach der individuellen Lebenskapazität an Bedeutung. Für immer mehr Bereiche im Alltag. Für völlig unerwartete Bereiche.

Bisher wurde das Alter geschätzt. Wie alt wird er oder sie wohl sein? Jetzt gesellte sich eine zweite Frage dazu: Wie alt wird er oder sie wohl werden? Natürlich war es nicht so, dass jeder sofort nach der Lebenskapazität oder nach seinem Endtag gefragt wurde. Aber die Neugier war da.

Und die Frage nach dem Endtag wurde zum Thema. Wollte man doch wissen, ob der Gesprächspartner noch zwanzig Jahre oder vielleicht nur noch ein Jahr zu leben hatte. Das Alter konnte man ja einschätzen, den Endtag aber überhaupt nicht. Manche Menschen ereilte der Tod ohne jede äußerlich erkennbare Vorankündigung.

Das ging so weit, dass sich der Betroffene oft bis zum Vortag seines Todes bester Gesundheit erfreute. Meist war er dann überzeugt, die Analysten hätten sich gerade bei ihm, also bei seiner Genanalyse geirrt. Aber auch in diesen Fällen kam es am Endtag regelmäßig zu einem plötzlichen Organversagen und dadurch zum

Tod. Die Forschungsergebnisse wurden wieder einmal bestätigt. Man konnte einfach nicht nach Äußerlichkeiten gehen. Die Analysen erwiesen sich immer als richtig. Bisher ohne Ausnahme.

Ähnlich war es bei den Schwerkranken. Man erwartete jeden Tag den Tod, obwohl die Genanalyse den Endtag erst in einem Monat vorsah. Es war fast unglaublich, dass auch sie erst an dem Tage starben, der durch die Analyse ermittelt worden war.

Häufig erholten sich auch wieder Menschen, die die Ärzte schon aufgegeben hatten. Obwohl der Endtag noch über fünf Jahre entfernt war, erwarteten die Ärzte den baldigen Tod. Doch sie irrten sich. Es war einfach unmöglich, den Endtag eines Menschen von außen einzuschätzen. Man war darauf angewiesen, die Analyse zu kennen.

In Situationen, in denen der Endtag besonders wichtig war, wurde manchmal die Geburtsurkunde samt eingetragenem Endtag verlangt und „Ältere", die manchmal überhaupt noch keinen Endtag für sich hatten ermitteln lassen, wurden dazu aufgefordert. Manchmal war aber auch schon für sie persönlich die Ermittlung der eigenen Lebenskapazität wichtig geworden.

Die in der Übergangszeit ausgestellte Bestätigung über die restliche Lebenskapazität gehörte bald zu den wichtigsten Papieren eines Menschen. Es kam aber auch vor, dass diese Bestätigung erst Jahrzehnte nach der Geburt ausgestellt wurde, weil man sie vorher einfach nicht benötigte.

Aus der Zahl der Tage, die jemand noch zu leben hatte, wurde das Datum des Todes, der Endtag, errechnet. Dieses Datum konnte mit jedem handelsüblichen Taschenrechner aus der Zahl der restlichen Lebenstage ermittelt werden.

Die Industrie hatte schnell auf die erhebliche Nachfrage für Rechner mit Kalenderfunktion reagiert, so dass es jedem mit Leichtigkeit gelang, seinen Endtag genau festzustellen.

Die Unregelmäßigkeiten durch Schaltjahre und auch der Entfall eines Schaltjahres wurden automatisch berücksichtigt.

Es gab auch schon so genannte Lebenszähler. Das war eine Uhr, die auf den eigenen Endtag eingestellt wurde. Die Summe der Tage bis zum Beginn des Endtages wurde in Leuchtziffern angezeigt. Bei Luxusmodellen wurde auch die Summe der Stunden, bei einigen Modellen sogar die Summe der Minuten bis zum Beginn des Endtages angezeigt.

Das Allerneueste war ein Modell, bei dem zu jedem Tag ein Sinnspruch zu lesen war. Je näher der Todestag kam, umso ernster wurden die Texte. Zustimmung und totale Ablehnung hielten sich bei diesem Modell die Waage.

Das Wissen um den Todestag war einerseits eine tief einschneidende Information für jeden Menschen, andererseits wusste ja jeder Mensch früher auch schon, dass er eines Tages sterben werde. Dass das Wissen um den zeitlich konkreten Endpunkt Änderungen im gesamten Leben, nicht nur im engsten familiären Bereich mit sich brachte, war aber doch eine Überraschung.

Für die meisten war das Wissen um ihren Endtag eine Belastung, für etliche eine Erleichterung. Aber je größer in der Übergangszeit die Zahl derer wurde, die den eigenen Endtag schon kannten, desto normaler wurden dieses Wissen und der Umgang mit der Lebenskapazität. So wie man als Mann oder Frau, in eine reiche oder arme Familie geboren wurde, attraktiv oder weniger attraktiv, behindert oder gesund war, in Europa oder Afrika geboren wurde. Es war einfach so und wurde mehr oder weniger akzeptiert.

Genauso gewöhnte man sich auch daran, dass man mit einer kurzen oder langen Lebenskapazität ausgestattet war. Man gewöhnte sich an die konkrete bewusste Begrenztheit des Lebens. Auch die Umgebung gewöhnte sich daran.

Die allgemeine Realität, dass jeder über seinen Endtag Bescheid wusste, nahm diesem Wissen seine ursprüngliche Belastung. Dies führte sogar dazu, dass Freundschaften nicht mehr so wie früher meist zwischen Menschen ähnlichen Alters geschlossen wurden. Oft fanden sich jetzt Menschen in Freundschaft zusammen, die ihren Endtag im gleichen Jahr hatten.

Besondere Bedeutung bekam auch die Frage, was nach dem Tode sein würde. Wird es nach dem Tode eine weitere Existenz meiner Person geben oder ist mit dem Tode alles aus? Diese Frage gibt es seit Beginn der Menschheit, aber jetzt, nachdem der Todestag für jeden Einzelnen konkret bekannt war, gewann sie für jeden eine viel konkretere Brisanz.

Nicht mehr die allgemeine unverbindliche philosophische oder religiöse Diskussion bewegte den Einzelnen, sondern die ganz konkrete Frage nach seinem Schicksal, wo und was er eine Woche nach seinem Endtag sein würde.

11. Der Schock

Alles war mit viel Liebe und Freude vorbereitet worden. Der 80. Geburtstag des Familienoberhauptes Gustav würde übermorgen stattfinden. Die vier Kinder mit ihren Ehepartnern und die 14 Enkel, zum Teil auch schon mit Partnern, waren vollzählig aus der ganzen Welt angereist. Sie wollten den Großvater feiern.

Alles schien bestens. Doch abends, am Tag vor der großen Feier, passierte es. Gustav stand von seinem Stuhl auf, wankte etwas und brach zusammen. Hannes, der einzige Arzt unter den Nachkommen, konnte nur mehr seinen Tod feststellen.

Und dabei war der Opa der Prototyp des zwar alten, aber gesunden, vitalen und energiegeladenen Menschen. So hatte auch niemand darauf gedrungen, seinen Endtag feststellen zu lassen. Wem, wenn nicht ihm, hätte man zugetraut, noch 10 oder gar 20 Jahre zu leben.

Die geplatzte Geburtstagsfeier wurde nun zu einem Familientreffen aus Anlass des Todes. Es war für alle klar: Um so etwas zu verhindern, muss man einfach seinen Todestag ermitteln lassen, auch als alter Mensch. Schon allein aus Rücksicht auf die engste Familie. Und das gilt vor allem für die vor 2015 Geborenen, die sozusagen als weiße Jahrgänge ohne routinemäßige Genanalyse durch das Leben gingen.

Hätte man den Endtag gewusst, wäre es überhaupt kein Problem gewesen, die Geburtstagsfeier zwei Wochen früher anzusetzen und mit dem Opa ausgiebig im Rahmen der Familie zu feiern. Auch im Bewusstsein, dass es das letzte Mal sein würde.

12. Einladung zur Feier meiner restlichen 40 Jahre

Vor Jahren war es noch undenkbar. Aber es hat sich so eingespielt, dass es jetzt als völlig normal empfunden wird: Bis zur Hälfte des Lebens wird, so wie bisher, der Geburtstag gefeiert und dann die Jahre bis zum Endtag. Zumindest bei den Menschen, die ihren Endtag wussten und feiern wollten.

Man zählt sozusagen von rückwärts herunter: noch 12 Jahre vor sich, noch 11 Jahre vor sich und so fort. Wer beispielsweise am 2. Jänner 2003 geboren wurde und seinen Endtag am 24. Oktober 2085 hat, wird über 82 Jahre alt. Er feiert seinen 41. Geburtstag am 2. Jänner 2044. Und am 24. Oktober 2044 feiert er dann erstmals die Zeit bis zu seinem Endtag, also dass er noch 41 Jahre vor sich hat.

Etwa zur Halbzeit wird also zweimal gefeiert. Am 24. Oktober 2045 wird dann die runde Zahl gefeiert, dass man also noch volle 40 Jahre vor sich hat. Lange Zeit war man unsicher, wie man die Feiern an diesem Tag nennen sollte: Endtagfeier, Resttagfeier, Nochfeier, Lebenszeittag.

Es war schwierig, eine allgemein akzeptierte Bezeichnung für diesen Tag zu finden. Das zeigte sich in den Einladungstexten. Es gab keine einfache und leicht verständliche „normale“ Formulierung wie: „Herzliche Einladung zu meinem 40. Geburtstag." Oft hieß es nur: „Herzliche Einladung zur Feier meiner restlichen 40 Jahre."

So traf man sich dann mit großer Freude im Familien- und Freundeskreis. Wusste man doch bei Erhalt dieser Einladung, dass man den Gastgeber noch 40 Jahre unter den Lebenden haben durfte.

Bei diesen Feiern war es häufig Gesprächsstoff, wer unter den Gästen wohl als nächster seinen Endtag haben würde, eventuell schon im Laufe des folgenden Jahres. Denn nur bei einigen Gästen war der Endtag allgemein bekannt. Manche hüllten sich in Schweigen.

Mit abnehmender Lebenszeit nahm die Intensität der Feiern zu. Der letzte, ein Jahr vor dem Tod gefeierte Endtag war meist von starken Emotionen geprägt. Manche der Eingeladenen sagten auch ab. Sie scheuten das offizielle Zusammentreffen zu diesem Tag. Sie empfanden die Feier als unpassend und makaber. So wie es schon früher Menschen gab, die den Kontakt zu Schwerkranken reduziert oder ganz eingestellt hatten, einfach weil sie es nicht ertragen konnten, konkret mit dem Leid konfrontiert zu werden. Und aus dem eigenen Unvermögen, mit dem Tod umzugehen, scheut man den Umgang mit dem, der ein Jahr vor seinem Tod zu seiner letzten Endtagsfeier eingeladen hatte.

Doch in der Regel führten diese Feste zu einer Intensivierung der Beziehung und der Begegnung. Die konkret erlebte Endlichkeit des Lebens, nicht mehr irgendwann, sondern zum Beispiel ganz konkret in zwei

Jahren, brachte nicht wie erwartet eine depressive, negative Grundstimmung, sondern fast eine Aufbruchstimmung.

Man überlegte und plante, was man in der restlichen Zeit noch alles unternehmen wollte, teilte die Zeit ein, ließ Unwichtiges liegen und freute sich über jeden einzelnen Tag, der einem noch geschenkt war.

Auch der Inhalt der Feiern spiegelte dies wider. Früher stand bei hohen Geburtstagen meist das bisherige Leben des Jubilars im Vordergrund der Ehrungsreden. Jetzt konzentrierten sich die Festredner mehr und mehr auf das, was der Jubilar in den verbleibenden drei, fünfzehn oder dreißig Jahren noch alles bewirken könnte.

Ideal und besonders harmonisch waren naturgemäß die Endtagsfeiern der Menschen, die über 80 Jahre alt werden würden. Man konnte darauf hinweisen, dass der Jubilar nach vielen Jahren Berufstätigkeit noch seine Pension genießen könne und das Heranwachsen seiner Kinder und Enkelkinder miterleben dürfe.

Viel schwieriger waren die Festreden, wenn jemand nur etwa 40 Jahre alt werden würde. Da musste man bereits im Alter von 20 Jahren auf den Endtag hin feiern. Da war es nicht leicht, die richtigen und passenden Worte für einen Jubilar zu finden, von dem man wusste, dass er mit 40 Jahren mitten aus dem Berufsleben gerissen würde.

Mit 40 am Ende des Lebens. Was sollte man dazu sagen? Dass das Studium nur für wenige Jahre Berufstätigkeit absolviert wurde, dass es schwer sein würde, einen richtigen Partner zu finden, dass die Verantwortung, eine Familie zu gründen, wohl überlegt sein müsse.

Denn wem war es wohl beim Gefühl, eine Witwe oder einen Witwer mit kleinen Kindern zurücklassen zu müssen? Dabei war es auch keine Erleichterung oder Verbesserung, wenn beide Eltern mit 40 sterben würden. Bei einer Partnerschaft ohne Kinder passte das. Davon gab es auch viele. Aber für kleine Kinder, die nach dem 40. Lebensjahr der Eltern als Vollwaisen zurückbleiben müssten, war es entsetzlich.

13. In einem Jahr bin ich Witwe

Leonie wusste, dass sie heute in einem Jahr Witwe sein würde. Es war nicht schockierend für sie. Schließlich wusste sie es seit langem. Michael hatte ihr, lange vor der Eheschließung, anvertraut, dass er nur 58 Jahre alt werden würde.

Sie wusste, dass sie 92 werden würde. Aber als sie sich in ihrer Jugend kennen lernten, wuchs zuerst ihr Interesse aneinander und daraus ihre Liebe so stark, dass sie sich sicher war: Ich möchte Michael, auch wenn ich nur 33 Jahre mit ihm leben kann.

33 Jahre sind eine lange Zeit, aber davon waren heute 32 vorbei. Das letzte gemeinsame Jahr begann.

Der Umgang mit einem Lebensabschnitt, der befristet ist, war zwar nicht mehr so ungewöhnlich wie früher. Und doch spürte sie sehr stark ihre eigene Unsicherheit. Die Beklemmungen und Ängste, die der Tod eines lieben Familienmitgliedes auslösen würde, hatte sie in diesem letzten Jahr so gut es ging bearbeitet.

Das Wissen um den Endtag beseitigte für sie aber nicht die Angst vor dem Sterben. Denn die ungewisse Dauer des Sterbens und eine möglicherweise vorhergehende Krankheit lösten bei ihr nach wie vor Ängste aus.

Streng genommen war der Tod eines Menschen ja nur ein Problem für die Hinterbliebenen. Der Gestorbene hatte sein Leben geschafft, bewältigt, abgeschlossen. Aber die Hinterbliebenen mussten damit weiterleben, dass der geliebte Mensch nicht mehr da war.

„Bedenkt, den eigenen Tod, den stirbt man nur, doch mit dem Tod der anderen muss man leben." So wird die in Zürich verstorbene Dichterin Mascha Kaleko (1907–1975) zitiert (Doris Weber, Das schwerste Gespräch, Publik-Forum Journal, 2006, Nr. 22, S. 54).

Auch die Angst vor dem Alleingelassen-Sein blieb Leonie nicht erspart. Jetzt, im letzten Jahr vor Michaels Tod, spürte sie täglich, dass jetzt alles das letzte Mal zu seinen Lebzeiten sein würde.

Die Familie erlebte dieses letzte Jahr mit allen Feiertagen wie Weihnachten, Ostern, Pfingsten, die Geburtstage in der Familie, die Sommerferien. Alles wurde bewusst das letzte Mal mit Michael erlebt.

Nach dem Tode würde dann das Trauerjahr folgen. Und nach dem Trauerjahr wäre dann vieles anders. Ohne dass die Trauer über den Tod beseitigt wäre, würden sich die Angehörigen doch etwas sicherer fühlen, wussten sie doch bereits, wie das ganze Jahr mit seinen Festen ohne den Verstorbenen ablaufen würde.

Aber jetzt war Leonie noch im Jahr vor dem Tode von Michael. Und Leonie war fest entschlossen, es zu einem Jahr der Freude zu machen. Sie wollte es nicht zu einem vorausgehenden Trauerjahr werden lassen.

Ihren Vater, mit dem sie viele Probleme in den letzten Jahren besprochen hatte, konnte sie zwar fragen. Aber auch er wusste nicht wirklich weiter. Hatte doch auch ihr Vater noch keine konkrete eigene Erfahrung im Umgang mit der neuen Situation.

Wie könnte sie am besten dieses Jahr zu einem Jahr der Freude für und mit Michael machen? Ihre Mutter war vor 15 Jahren gestorben, ohne dass sie ihren Endtag ermittelt hatte. Sie wollte einfach nicht. Und ihr Ehemann, Leonies Vater, drängte sie auch nicht. So kam es, dass Mutter eines Tages über Schwindel und Kopfweh klagte und in der Nacht darauf starb.

Leonie hatte viele Bücher, die sich mit dem Wissen um den Endtag beschäftigten. Vor allem jene hatte sie durchgearbeitet, die sich mit der Gestaltung des letzten gemeinsamen Jahres befassten. Es war der eine oder andere interessante Denkanstoß darin enthalten, aber Leonie spürte immer mehr, dass es jetzt bei der Gestaltung dieses letzten Jahres von Michael vor allem auf sie ankam.

Für Leonie waren diese Bücher deshalb keine wirkliche Hilfe bei der Gestaltung des letzten Jahres und sie wandte sich schnell wieder von ihnen ab. Wenn sie ehrlich war, musste sie sich eingestehen, dass sie diese Art von Lebensbüchern, die so genannten „How to …"-Bücher, gar nicht mochte. Sie verließ sich lieber auf ihr Gespür und ihren Hausverstand.

Bisher war sie immer recht gut damit gefahren. Trotzdem, sie fand es schlimm, dass ihr jetzt fast nur organisatorische Dinge durch den Kopf gingen. Aber gleichzeitig wusste sie, auch organisatorische Angelegenheiten mussten bedacht und erledigt werden.

So fing sie schon frühzeitig an, gemeinsam mit Michael die Schubladen und Kästen durchzusehen und aufzuräumen. Der ganze Mist, der nach dem Tode von Michael nur als Ballast empfunden werden würde, wurde weggeworfen. Leonie war froh, diese Aufräumarbeiten gemeinsam mit Michael machen zu können. So erfuhr sie, was aus seiner Sicht bedenkenlos entsorgt werden konnte und was man für die Kinder aufbehalten sollte. Michael brauchte Zeit. Er musste Abschied nehmen, sich von etlichen Erinnerungsstücken trennen.

Auch zwei längere Reisen mit Michael hatte sie eingeplant. Jeweils 14 Tage, die erste Reise nach Siena in Italien und die zweite nach Altmünster am Traunsee in Oberösterreich. Beides waren Orte, die Michael besonders gern hatte und wo sie schon oft gemeinsam ihren Urlaub verbracht hatten.

Sie spürte genau, dass sie dieses letzte gemeinsame Jahr mit Michael, Michaels letztes Lebensjahr, ganz nach seinen Vorlieben gestalten würde. Sie fand es wunderbar, im letzten Jahr so viel für ihn tun zu können.

Die Gespräche über ihr bisheriges gemeinsames Leben wurden intensiver, sie spürten beide die Freude, auch dieses letzte Jahr in Harmonie, Geborgenheit und mit so viel Zärtlichkeit zusammen verbringen zu dürfen.

Sie planten, sich von den engsten Freunden, rund 50 Personen, zu verabschieden. Sie wollten dies im Rahmen eines festlichen Abendessens in einem für seine Gemütlichkeit bekannten traditionellen Gasthaus in Innsbruck, dem „Weißen Rössl“ in der Altstadt, machen.

Es gab an diesem Abend viele Ansprachen von Freunden. Alle versuchten, die einmaligen, wertvollen und liebenswerten Eigenschaften von Michael, teilweise in humoristischer Form, herauszuarbeiten.

Er freute sich ungemein und erklärte dies auch in seiner Dankesrede. Es war wunderschön für ihn, alle lieben und so persönlich formulierten Reden selbst zu hören. So hatte er viel mehr davon, als wenn die Freunde dies alles in einem Monat bei seinem Begräbnis gesagt hätten.

Wie brutal war man doch früher, dachte sich Leonie, wo alles Liebe über den Betroffenen erst beim Begräbnis gesagt wurde. Und wie qualvoll musste es früher für die Familie gewesen sein, plötzlich zu erfahren, dass man den geliebten Ehemann und Vater durch eine plötzlich ausgebrochene Krankheit nur mehr vier bis sechs Monate bei sich haben würde.

Das Einstellen auf die Krankheit und den Tod, das Wissen, mit diesem Winter das letzte Mal Schnee auf den Bergen sehen zu können, das letzte Mal Silvester erleben zu dürfen, unter Zeitdruck die finanzielle Vorsorge für die Familie überdenken zu müssen, das alles muss früher eine ungeheure Belastung gewesen sein.

Leonie war froh, seit langem zu wissen, wie viel Zeit sie noch gemeinsam hatten. Sie freute sich auf jeden einzelnen gemeinsamen Tag. Auch die Familie traf sich eine Woche vor dem Endtag zum Abschied. Da ging es dann noch herzlicher und vertrauter zu. Man nahm voneinander tatsächlich die ganze letzte Woche Abschied.

Michael wusste aus der Erfahrung von Freunden, dass es schwierig war, aus der Gemeinschaft der Gesamtfamilie auszubrechen und das persönliche Gespräch unter vier Augen zu suchen. Hatte er doch mit Leonie vier Kinder und bereits sechs Enkelkinder. Mit Leonie und den vier Schwiegerkindern waren es fünfzehn Personen. Michael nahm sich vor, mit jedem mindestens eine Stunde, wenn möglich auch länger, ein sehr persönliches Gespräch zu führen.

Und es wurden wunderbare Gespräche, manche zogen sich über Stunden hin. Besonders genoss Michael auch die Gespräche mit seinen Enkeln. „Gell, Opa, jetzt wirst du bald gestorben sein“, meinte der vierjährige Wolfgang. Und damit konnte auch Michael mit seinem jüngsten Enkel unbefangen über das Sterben, den Tod und alles davor und danach reden. Gerade durch diese Zeit und in dieser Zeit bekam die Beziehung von Michael zu seinen Kindern und Enkeln eine besondere Tiefe, die ihn rundherum glücklich machte.

14. Feststellung des Endtages vor der Geburt unmöglich

Es gab viele Versuche, den Endtag schon vor der Geburt, möglichst in den ersten drei Monaten der Schwangerschaft festzustellen. Aber es schien unmöglich. Als dann endgültig feststand, dass dies tatsächlich nicht möglich war, atmeten viele auf.

Denn man befürchtete die Fortsetzung einer Entwicklung, die schon im 20. Jahrhundert begonnen hatte. Manche Eltern ließen durch ärztliche Untersuchungen vor der Geburt feststellen, ob ihr Kind vielleicht behindert sein würde. Und wenn dies tatsächlich der Fall war, überlegten sie, ob das Kind abgetrieben werden sollte. Und es gab etliche Fälle, in denen sich die Eltern für die Abtreibung entschlossen.

Es war eine fürchterliche Vorstellung: Was würde mit einem Kind passieren, das nur eine sehr geringe Lebenskapazität hätte? Würden sich da die Eltern auch für eine Abtreibung entscheiden?

Deshalb war es eine Erleichterung, als die Wissenschaftler ganz klar feststellten, dass die gentechnische Analyse erst nach der Geburt möglich war. Die Gründe waren auch für den Laien nachvollziehbar: Erst nach der Trennung vom Mutterleib war das Kind körperlich ganz unabhängig und jede Veränderung durch den Einfluss der Gene der Mutter ausgeschlossen.

15. Das Pensionssystem wird übersichtlicher

Es dauerte nur wenige Jahre, bis sich die Bekanntheit des jeweiligen Endtages auch auf das System der Pensionen auswirkte.

Bisher wurde das Pensionssystem auf der Grundlage einer Solidargemeinschaft gestaltet. Die Vor- und Nachteile des langen Lebens oder des frühen Todes eines einzelnen Menschen trafen die Allgemeinheit. Jetzt wusste man, wie lange jeder zu leben hatte, und konnte neue gesetzliche Regelungen schaffen, die individuell auf jede Lebensdauer abgestimmt wurden.

Das neue System war einfach. Wer seinen Endtag vor dem 67. Geburtstag hatte, zahlte überhaupt keinen Pensionsbeitrag. Er würde ohnehin nie in die Situation kommen, seine mit dem 67. Lebensjahr beginnende Pensionszeit genießen zu können. Zusätzlich gab es verschiedene Sonderregelungen, etwa für jene, die an ihrem Endtag noch minderjährige Kinder oder eine Witwe ohne eigenen Pensionsanspruch hinterließen.

Für jeden Berufstätigen betrug der Pensionsbeitrag des Dienstnehmers und des Dienstgebers in der Regel je zehn Prozent seines Bruttogehaltes. Die Einzahlungen für jeden Einzelnen wurden auf sein eigenes Pensionssparbuch mit einer Verzinsung von drei Prozent pro Jahr geleistet.

Der bei Pensionsantritt auf dem jeweiligen Pensionssparbuch angesparte Geldbetrag wurde auf den Pensionisten und nach seinem Tode auf seine Witwe und die noch nicht selbsterhaltungfähigen Kinder aufgeteilt.

Wer nur wenige Jahre in der Pension zu erwarten hatte, konnte mit einem erheblich höheren monatlichen Auszahlungsbetrag rechnen. Wer beispielsweise nur fünf Pensionsjahre hatte, dem floss eine fast fünf Mal höhere Rente zu als jenem, der nach der Pensionierung mit 67 Jahren noch 25 Jahre vor sich hatte.

Deshalb gab es auch die Möglichkeit, freiwillig einen höheren Beitrag zu leisten. Eine Möglichkeit, von der vor allem Menschen mit einer sehr hohen Lebenskapazität Gebrauch machten.

Trotz der Einfachheit des neuen Systems gab es bald Stimmen, die eine Reform verlangten, zum Beispiel für Menschen, die nur ganz wenige Jahre in der Pension erleben würden. Sollte man für diese nicht die Beitragshöhe in ihrer aktiven Zeit erheblich reduzieren? Auch die Versorgung der Witwen und Waisen schien noch nicht optimal geregelt.

Natürlich passierte es auch, dass durch Unfälle, Verbrechen oder Selbstmorde Personen, die eine lange Pensionszeit vor sich gehabt hätten, vorzeitig aus dem Leben schieden. Deren angesparte Pension fiel der Witwe und den Waisen zu. Hatte der Verstorbene allerdings keinen Partner und keine Kinder, fiel der angesparte Betrag nicht den Erben zu, sondern floss in die so genannte Solidaritätskasse.

Aus dieser Solidaritätskasse wurden dann die Pensionen derer bezahlt, die vor Erreichen ihres 67. Lebensjahres berufsunfähig wurden. Sie bekamen eine Berufsunfähigkeitspension aus der Solidaritätskasse.

Die Verwaltungskosten der Pensionskassen schrumpften durch das neue System radikal zusammen, weil viel weniger Verwaltungsarbeit zu leisten war. Die Dienstgeber überwiesen die zu zahlenden Beträge an die Krankenkassen, die wiederum für jeden einzelnen Dienstnehmer ein Pensionssparbuch eröffneten.

Wenn dann das Pensionsalter erreicht war, wurde das Bankinstitut, bei dem das Sparbuch eröffnet worden war, von der Krankenkasse informiert, welche Raten monatlich an den Pensionsempfänger zu überweisen waren.

Die Verantwortlichen waren sich einig, dass diese neue Pensionsregelung in vielen Bereichen gerechter war als das alte System. Man wollte jetzt einmal abwarten, wie sich die neue Regelung bewährte. Aus den gewonnenen Erfahrungen konnten dann die erforderlichen Adaptierungen durchgeführt werden.

Eines war jedenfalls schon jetzt feststellbar: Von der Bevölkerung wurde das neue System mit sehr viel Zustimmung aufgenommen. Wusste doch jeder, wie viel er etwa an Pension zu erwarten hatte, und, da jeder sein eigenes auf ihn lautendes Pensionssparbuch hatte, mussten auch keine einschneidenden Pensionsreformen, wie sie seit Anfang des 21. Jahrhunderts alle paar Jahre erforderlich waren, durchgeführt werden.

16. Politiker müssen ihren Endtag bekanntgeben

Hat die Bevölkerung das Recht, den Endtag eines Politikers zu kennen, oder nicht? Gehört die restliche Lebenskapazität zu jenem Bereich, für den jeder Politiker öffentlich Rede und Antwort stehen muss? Oder gehört sie zum geschützten Bereich des Privatlebens?

Konrad Lepper war der erste Politiker, bei dem dies eine Rolle spielen sollte. Er war 48 Jahre alt, sah gut aus und hatte ein Charisma, das alle ansprach. Er setzte sich für die Integration von Zuwanderern ein, hatte ein Konzept zur Reduzierung der Missstände im öffentlichen Leben und zur Stärkung der Effizienz der Verwaltung.

Kurz, ein Politiker, für den man sich begeistern konnte. Und für den sich auch die Wähler begeisterten. Er war im Jahre 2000 geboren. Also in einer Zeit, in der es noch gar nicht möglich war, eine gentechnische Analyse durchzuführen.

Und er hatte sie auch danach nicht durchführen lassen. Dies mit der Begründung, er freue sich seines Lebens und seiner Arbeit, auch ohne zu wissen, wann sein Endtag sei.

Die Älteren konnten die Entscheidung nachvollziehen. Gab es doch viele, die ähnlich dachten. Die Jungen, für die das Wissen um den Endtag völlig normal und auch voll akzeptiert war, hatten das Gefühl, irgendetwas stimme mit dem Kandidaten Lepper nicht.

Vielleicht, so ging das Gerücht, war sein Endtag sechs Monate nach der Wahl. Und dann würde Martha Niemann nachrücken. Eine blasse, unbeliebte parteihörige Person. Sie hatte sich nur durch ihre jahrzehntelange Parteiarbeit an die zweite Stelle hinaufgedient.

Kurzum, Martha Niemann wollte man sicher nicht. Auch das geringste Risiko, dass sie durch einen frühen Tod von Konrad Lepper an die Spitze kommen würde, machte potentielle Wähler von Konrad Lepper unsicher.

Das von den Meinungsforschern erhobene Wählerverhalten ließ einen Monat vor der Wahl die Alarmglocken läuten. Eigentlich wollte Lepper nicht, aber er war unter dem zunehmenden Druck seiner Gefolgsleute gezwungen, in aller Eile eine genanalytische Untersuchung durchführen zu lassen.

Das Ergebnis, noch 38 Jahre Lebenskapazität, wurde von der Öffentlichkeit und natürlich auch von seinen Gefolgsleuten mit Freude und Erleichterung aufgenommen. Lepper gewann die Wahl überlegen mit 58 Prozent der Stimmen.

Nach der Wahl fragte er sich, ob es denn wirklich notwendig sei, sich als Politiker so vor dem Wähler auszuziehen. Dass nämlich nicht nur der Geburtstag, sondern auch der Todestag Bestandteil des Wahlkampfes wurde. Aber er spürte, dass er aus einer anderen Zeit kam. Und die war jetzt endgültig vorbei. Er spürte es auch daran, dass er konsequent vom Todestag sprach, während die Gesellschaft rund um ihn herum, vielleicht verharmlosend, vom Endtag sprach.

Schon im 20. Jahrhundert wurde bei den Bewerbern um ein politisches Amt auf dem Stimmzettel meist auch das Geburtsjahr angegeben. War es da nicht logisch, jetzt, wo es ermittelt werden konnte, auch das Todesjahr anzugeben? Lepper meinte, nein. War doch das Todesjahr um vieles intimer als das Geburtsjahr.

Trotzdem spürte und wusste Leppert, dass er mit seiner Meinung keine Chance hatte. Bei denen, die sich weigerten, ihren Endtag feststellen zu lassen, kam sofort das Gerücht auf, sie hätten etwas zu verbergen. Dagegen war man machtlos.

Nach einigen Monaten des Zauderns unterstützte Lepper schließlich den Antrag der Opposition, dass bei jedem Kandidaten auf der Wahlliste nicht nur das Geburtsjahr, sondern auch das Todesjahr mit anzugeben sei.

17. Kriminelle Machenschaften durch falsche Endtage

Der Endtag wurde in Gesellschaft und Wirtschaft immer wichtiger. Deshalb wurde auch immer häufiger versucht, falsche, in der Regel spätere Endtage, anzugeben. Waren die Endtage ja nur in den Geburtsurkunden, nicht aber in den anderen Ausweisdokumenten wie Führerschein, Pass oder Personalausweis enthalten.

Betrügerische Angaben wurden vor allem bei Kreditanträgen, bei Bewerbungen, bei Ratenkäufen und für die Ausstellung von Kreditkarten gemacht. Nie hätte sich jemand auf so ein Geschäft eingelassen, wenn ihm der richtige Endtag des Interessenten bekanntgegeben worden wäre.

Auch die Eheanbahnungsinstitute und die Partnervermittlungen bekamen in der neuen Zeit zusätzliche Verantwortung. Galt es doch zu verhindern, dass bei Eheschließungen ein Partner vom anderen hineingelegt wurde.

Das galt natürlich nicht für alle Eheschließungen. Aber bei solchen Ehen, die nicht aus einer langen Partnerschaft harmonisch wuchsen, sondern von außen arrangiert oder vermittelt wurden, bestand schon eine gewisse Gefahr.

Wer lässt sich denn vor der Entscheidung, jemanden zu heiraten, dessen Geburtsurkunde vorlegen?

Allzu oft hatte sich nämlich herausgestellt, dass nicht nur beim Alter geschwindelt wurde, sondern dass der künftige Partner auch bei der Lebenskapazität in die Irre geführt werden sollte.

Das war vor allem bei Personen der Fall, die nur noch eine kurze Lebenskapazität hatten. Aus der bitteren Erfahrung, keinen Partner für ein Jahr oder etwas mehr zu finden, gaben sie oft falsche Daten an. Fallweise wurden sogar gefälschte Kopien von Geburtsurkunden verwendet, um den zukünftigen Partner zu täuschen.

Das Alter konnte man ja abschätzen, den Endtag überhaupt nicht. So wurde es zu einer ganz wichtigen Aufgabe der Eheanbahnungsinstitute, die Originale der Geburtsurkunde mit der Angabe des Endtages einzusehen und manchmal auch beim Standesamt zu überprüfen, ob die Urkunde echt war, also ob sicher keine Fälschung vorlag.

18. Die Beförderung trotz nahen Endtages

Beim Oberlandesgericht war wieder einmal die Stelle des Präsidenten zu besetzen. Der letzte Präsident war nach einer kurzen Amtszeit von knapp zwei Jahren verstorben.

Es gab drei Bewerber: die Senatspräsidenten Dr. Ludwig Messer und Dr. Norbert Ohm, beide erfahrene untadelige Richter, und ein Richter beim Oberlandesgericht, Dr. Paul Quirin.

Im Personalsenat des Oberlandesgerichtes entspann sich eine lange Debatte. Sie schlug Wellen bis ins Bundesministerium für Justiz. Die Frage war, ob man den dienstältesten Bewerber Dr. Norbert Ohm vorschlagen sollte oder nicht.

Dessen Endtag würde ihm nur eine Amtszeit von knapp zehn Monaten ermöglichen. Er war äußerst qualifiziert, mit Sicherheit der Beste unter den dreien. Aber dann nach zehn Monaten schon wieder einen neuen Präsidenten? Ganz abgesehen davon, dass die Witwe dann voraussichtlich lebenslang eine höhere Rente bekommen würde, nur weil der Ehemann in der neuen Funktion zehn Monate tätig war.

Andererseits wurde auch die berechtigte Meinung vertreten, niemand dürfe in seiner Karriere im öffentlichen Dienst nur wegen eines frühen Endtages benachteiligt werden. Also reihte man Dr. Norbert Ohm an die erste Stelle des Vorschlages.

Die Bundesministerin für Justiz entschied sich schließlich ebenfalls für Dr. Norbert Ohm. Ganz wohl war ihr dabei aber nicht. Denn wie würde man entscheiden, wenn der dienstälteste Bewerber bereits 20 Tage nach seinem Amtsantritt seinen Endtag hätte?

Aber, so die Begründung der Bundesministerin für Justiz, bis zur Ausarbeitung neuer Beförderungsrichtlinien halte sie sich an die bisherige Praxis.

Sie wollte einfach nicht eine umfassende Diskussion der neuen Situation behindern. Ihre Entscheidung im Einzelfall sollte nicht als Musterfall die Diskussion um neue Regeln beeinflussen oder belasten. Dies wurde dann auch von allen Beteiligten eingesehen und akzeptiert.

19. Neue Spannungsfelder in den Familien

Pauline dachte zurück an die Zeit, in der noch niemand den eigenen Endtag oder den der anderen wusste. Wie einfach war doch damals das Leben in der Familie. Das eine Kind war älter, das andere jünger, ein drittes in der Mitte, vielleicht noch zusätzlich ein Nachzügler.

Alle hatten ihr jeweiliges Alter und wuchsen mehr oder weniger harmonisch heran, gründeten wieder Familien oder auch nicht und starben meist in hohem Alter. Heute war das total anders.

Pauline stellte fest, dass praktisch alle Familien mit einer neuen Situation umgehen mussten: Natürlich wusste jeder vom anderen, wann sein Endtag war. Oft nicht auf das Datum genau, da musste man meist nachschauen, aber das Jahr war geläufig und auch laufend bewusst. In jedem Fall wusste man aber die Reihenfolge, also wer als Erster und wer als Nächster in der Familie sterben würde.

Die Lebensplanung, Familienplanung, Berufsausbildung und Berufsplanung wurden immer mehr nach dem Endtag ausgerichtet. Schon die Schule wurde danach ausgewählt, ob es sich in Hinblick auf den jeweiligen Endtag rentierte, eine teure oder lange Schulausbildung zu absolvieren.

Dies führte oft zu einer Benachteiligung derer, die

einen früheren Endtag hatten. Die Frage, zahlt sich denn das bei diesem Kind aus, wurde ganz offen ausgesprochen. Und sie wurde immer öfter gestellt.

Auch bei teuren Zahnregulierungen oder operativen Eingriffen war der nahe Endtag immer ein Thema. Man wollte dem Kind ja auch die Monate, manchmal Jahre dauernde Plage ersparen.

Früher war es für alle tragisch, wenn eine 23-Jährige durch eine heimtückische Krebserkrankung aus dem Leben gerissen wurde. Heute wusste man das Todesdatum vorher und konnte sich genau danach richten.

Es hatte sich einfach zu viel geändert: Früher wurde nach einer Geburt berichtet, dass Mutter und Kind wohlauf waren, dass das Kind gesund war, ob Mädchen oder Bub, wie groß, wie schwer und vielleicht noch die Haarfarbe.

Jetzt war der Endtag die wichtigste Information. Eine kurze Lebenskapazität brachte die ganze Familie durcheinander. Eine lange Lebenskapazität weckte möglicherweise den Neid der Geschwister. Es war nicht zu verhindern. Jeder verglich den Endtag des Neugeborenen automatisch mit seinem Endtag.

In einzelnen Fällen konnte dies zu schmerzhaften Entwicklungen führen. Ein Bruder mit geringer Lebenserwartung wurde, wenn sich sein Endtag näherte, bewusst oder unbewusst aus der Familiengemeinschaft langsam immer mehr ausgeschlossen, so als ob er schon gestorben wäre. Unausgesprochen lag der Gedanke in der Luft, was will der denn noch dazu sagen, er ist ja eh schon in der nächsten Woche tot. Auch wenn es nur bei ganz wenigen Familien der Fall war, dort war es die harte Realität.

In der Regel wurde der demnächst Sterbende mit besonderer Liebe und Aufmerksamkeit umsorgt. Aber trotzdem machte sich viel Unsicherheit breit, weil noch niemand Erfahrung hatte, wie man mit der neuen Situation richtig umgehen sollte.

20. Die Reaktion des Vatikans

Als 1954 die ersten Berichte des Apostolischen Nuntius in Österreich über die Forschungsergebnisse aus Tirol nach Rom drangen, wurden sie noch unter dem Stichwort „Skurriles“ abgelegt.

Mit den entsprechenden Verordnungen der österreichischen Regierung im Jahre 2015 änderte sich die Situation jedoch schlagartig. Denn ab dem 19. März 2015 musste die Genanalyse gleich nach der Geburt bei jedem Neugeborenen durchgeführt werden! So bekamen die Forschungsergebnisse Einfluss auf das Leben jedes Einzelnen.

Bei den regelmäßigen inoffiziellen Treffen der in Rom wohnenden Kardinäle, der höheren Beamten des Vatikans, der zufällig anwesenden Bischöfe und ausgewählter Theologieprofessoren wurde diese neue Entwicklung von einigen als Bedrohung der Lehre gesehen. Heißt es doch in der Bibel in der Geheimen Offenbarung 3,3: „Du sollst gewiss nicht erfahren, zu welcher Stunde ich über dich kommen werde“ (sinngemäß gleich bei Mt 24,42; Mk 13,35; Lk 12,40; 1 Thess 5,1).

Der Nuntius in Österreich bekam den Auftrag, inoffiziell bei der österreichischen Bundesregierung vorzufühlen. Das Ziel war, dass die gesetzliche Verpflichtung zur Durchführung der Genanalyse gleich nach der Geburt rückgängig gemacht werden sollte.

Der nun vorliegende Bericht des Nuntius aus Wien löste erhebliche Betroffenheit aus: Niemand in Österreich denke daran, diese Verpflichtung zurückzunehmen. Noch viel ärger. Ein Gesetzesvorschlag, wonach der Endtag sogar in die Geburtsurkunde aufgenommen werden sollte, ging im Herbst 2019 gerade in das Begutachtungsverfahren. Dies löste in Rom helles Entsetzen aus.

Der als äußerst konservativ geltende Kardinal Alfredo Ottariano fürchtete, dass damit einer der jahrelang zentralen Punkte der kirchlichen Verkündigung, die Angst vor dem Tode, von den Gläubigen genommen werden könnte. Man fürchtete, dass der Todestag durch sein Bekanntsein seinen Schrecken verlieren würde. Und wenn bei den Gläubigen diese Angst reduziert würde, dann könnte dies laut Ottariano zu einem Rückgang der Zahl der Gläubigen führen.

Alle Argumente der mehr zukunftsorientierten Kardinäle und Vatikanbeamten konnten diese Befürchtungen nicht beseitigen. Auch deren Hinweis, dass der Glaube doch nicht auf Angst gegründet sein sollte, sondern auf der freiwilligen Hinwendung zu Gott, konnten die Bedenken nicht beseitigen.

Es wurde auch von mehreren Seiten darauf hingewiesen, dass gerade dadurch, dass der Einzelne seinen Todestag wisse, eine Intensivierung der Beziehung zu Gott und zur Kirche erfolgen könnte. Und zwar deshalb, weil das Leben eben nicht mehr ein „open end“ hätte. Weil der Tod also nicht mehr weit weg, irgendwann in der Zukunft wäre, sondern der Endpunkt fix bekannt war.

Kardinal Ottariano, der sich auch selbst als Sprecher der bewahrenden Kräfte im Vatikan fühlte, wies aber trotzdem immer wieder auf die genannten Bibelstellen hin. Es müsse, so sein fester Standpunkt, die Kirche eine offizielle Erklärung herausgeben. Damit sollte weiterem Übel vorgebeugt werden.

Er konnte zwar noch keine konkreten Vorschläge vorlegen, aber, so sein Standpunkt, es müsse auf jeden Fall etwas Offizielles geschehen. Als die Situation in den weiteren Gesprächen rettungslos verfahren schien, meldete sich der kleine, nach außen eher unscheinbar wirkende Universitätsprofessor der Theologie, Dr. Carlo Ranor, zu Wort.

Er meinte, er habe die Lösung. Er wies darauf hin, dass diese neue Entwicklung überhaupt nicht im Widerspruch zur Bibel stehe. Alle horchten auf. Was würde dieser Professor, der wegen seiner vor allem von Ottariano bekämpften Ideen schon einmal mit einem päpstlichen Schreibverbot belegt war, wohl jetzt bringen?

„Jeder Mensch", so Carlo Ranor, „kann durch einen Unfall oder gar durch einen Mord jederzeit, also noch vor seinem Endtag, in die ewige Seligkeit abberufen werden." So würde also durch diese neue Entwicklung in keiner Weise auch nur im Geringsten an der Richtigkeit der genannten Bibelstellen und damit am Wahrheitsgehalt der Bibel gerüttelt werden können.

Schweigen unter den Anwesenden. Alle schauten auf Ottariano. Man konnte direkt sehen, wie er konzentriert nachdachte. Niemand störte sein Denken. Jeder wusste, jetzt musste man abwarten, was er sagte. Schließlich erklärte er: „Concedo."

In besonders wichtigen Momenten benützte Ottariano immer die lateinische Sprache. Als die Anwesenden sein lateinisches „ich räume es ein", also seine Zustimmung hörten, atmeten alle erleichtert auf. Wer war denn schon scharf darauf, gegen eine nicht aufhaltbare Entwicklung einen Kampf zu führen, bei dem schon von vornherein feststand, dass ihn die Kirche verlieren würde.

Schnell wurde ein Konsens darüber erzielt, dass die ganze Diskussion nur als inoffizielles Gespräch zu betrachten sei, also den vatikanischen Gebräuchen entsprechend eigentlich gar nicht stattgefunden habe.

Es wurde also auch keine offizielle, nach außen gehende Aktion des Vatikans als sinnvoll erachtet. Das ganze Problem wurde so im Nachhinein zum Nicht-Problem erklärt.

Wie oft bei solchen Gelegenheiten, lächelte Professor Ranor tief im Innersten verschmitzt. War es ihm doch gelungen, mit einem eher simplen Hinweis eine leidige Diskussion über die wörtliche und nicht wörtliche Auslegung der Bibel zu verhindern. Denn diese Diskussionen führten immer wieder zu tiefen Zerwürfnissen. Und ein solches war im vorliegenden Fall wieder einmal von der Kirche und ihren Führungskräften abgewendet worden.

21. Wer will denn wirklich seinen Todestag wissen?

Als es noch nicht selbstverständlich war, dass der Todestag festgestellt und in die Geburtsurkunde eingetragen wurde, gab es heftige Diskussionen um die grundsätzliche Frage: Wer will denn wirklich seinen Todestag kennen?

Wenn man jemanden fragte, ob er den Tag seines Todes wissen will, war bei fast allen die spontane Antwort: Nein.

Wenn aber gefragt wurde, ob man den Todestag dann wissen wollte, wenn er in den nächsten zwei Monaten bevorstünde, da erklärten die meisten nach dem ersten Schreck: Ja, dann schon.

Ähnlich verhielt es sich, wenn dazu gesagt wurde, dass der Todestag nicht in den nächsten 30 Jahren, sondern erst irgendwann danach sei. Da machte sich dann Erleichterung breit und schließlich erklärten die meisten: Ja, dann auch.

Das Ergebnis vieler solcher Gespräche war also, dass zuerst fast alle den eigenen Todestag auf keinen Fall kennen wollten. Wenn dann aber weitergefragt und der Zeitraum eingegrenzt wurde, änderte sich vielfach die Einstellung.

Nach einigem Nachdenken kamen die meisten sogar zum Ergebnis, sie wollten den Tag jetzt genau wissen, unabhängig davon, wie lang oder kurz ihr Leben noch dauern würde.

Es gab aber auch Menschen, auf die das nicht zutraf. Menschen, die aus ganz grundsätzlichen persönlichen Erwägungen auf keinen Fall und unter keinen Umständen ihren Todestag wissen wollten.

Trotzdem, in der Öffentlichkeit blieb die Überzeugung vorherrschend, dass niemand seinen Todestag wirklich vorher kennen wollte und dass es nur ganz wenige Ausnahmen gäbe. Da konnten noch so viele Meinungsumfragen das Gegenteil aufzeigen, die Medien taten einfach so, als ob es diese Umfrageergebnisse nicht gäbe. Aber viele Berichte zeigten, dass auch in Situationen der höchsten Bedrängnis eine positive Sicht des Todes möglich war.

22. In Freude Abschied nehmen

Niklas brauchte einige Zeit, bis er sich an die ganzen Neuerungen gewöhnt hatte. Er war Jahrgang 1988, also buchstäblich aus dem letzten Jahrhundert. Seine Freunde und ehemaligen Arbeitskollegen wurden immer weniger. Einer nach dem anderen starb. Manche vor ihm, einige würden nach ihm sterben. Niklas war einer der Glücklichen, die ein sehr langes Leben hinter sich und noch ein langes Leben vor sich hatten. 97 Jahre alt würde er werden, noch 17 Jahre hatte er vor sich.

Er war in seiner Altersgruppe einer der Ersten, der zum frühesten Zeitpunkt den Endtag ermitteln ließ. Schon Jahre lebte er nun im Bewusstsein, am 30. Juli 2085 seinen Endtag zu haben.

Es war für ihn immer noch unfassbar, dass man das so genau bestimmen konnte. Und dass es dann auch tatsächlich stimmte. Das sah er in den letzten Jahren in seiner Umgebung. Es wurde tatsächlich auf den Tag genau gestorben. Unfassbar.

Er erinnerte sich noch ganz genau, wie er im Jahre 2016 auf das Sonderangebot der Zeitung „Der Europäer“ stieß: „Unterschreiben Sie ein Abonnement für ein Jahr und Sie erhalten kostenlos einen Gutschein für die Feststellung Ihrer Lebenskapazität.“

Da er diese neue Zeitung sowieso abonnieren wollte, unterschrieb er. Mit einem etwas mulmigen Gefühl im Bauch löste er den Gutschein für die Ermittlung der Lebenskapazität ein.

Das Ergebnis der gentechnischen Analyse zeigte ihm, dass er mit über 97 Jahren zu den Glücklichen mit einer hohen Lebenskapazität gehörte. Das wurde ihm auch immer wieder bewusst, wenn er die Todesanzeigen von Gleichaltrigen las.

Wobei sich Niklas erst an die Textierung gewöhnen musste. Früher waren Formulierungen wie „unerwartet“, „plötzlich“, „überraschend heimgegangen“ in fast jeder Todesanzeige zu lesen. Jetzt gab es diese Formulierungen nur mehr bei Unfällen oder Morden.

Alle anderen Todesfälle waren eben nicht mehr unerwartet oder plötzlich, sondern der Tag war seit Jahren bekannt. Vorgestern, nachdem er die Anzeige seines Freundes Otto gelesen hatte, wurde er aber doch sehr nachdenklich.

Stand doch da: „Nach einem erfüllten Leben haben wir in Freude Abschied genommen von unserem Otto Ploderer.“ Die Todesanzeige war unterschrieben von der Ehefrau, den Kindern, den Schwiegerkindern und den Enkelkindern. „In Freude Abschied genommen“, an dieser Formulierung blieb Niklas hängen. Immer und immer wieder ging sie ihm durch den Kopf.

Er wusste, dass sein Freund Otto überhaupt keine Angst vor dem Tode hatte, geradezu auf den Tod als zweiten Höhepunkt des Lebens nach der Geburt hin lebte und die Details des Begräbnisses sowie den Inhalt seiner Todesanzeige ausführlich mit seiner Familie besprochen hatte.

Otto ging nicht so weit, wie einige andere aus seinem Freundeskreis. Diese hatten ihr Begräbnis selbst vorbereitet und auch dem Bestatter die entsprechenden Aufträge erteilt. Bis ins Detail hatten diese Freunde alles selbst festgelegt.

Ohne Stress in den Tod, so lautete Ottos Lebensdevise in den letzten Jahren. Niklas empfand auch ein bisschen Neid auf Ottos Furchtlosigkeit. Er spürte aber, dass er dies gegenüber anderen nie zugeben würde.

Je öfter Niklas in die Zeitung sah, desto öfter fielen ihm Anzeigen auf, in denen der Tod nicht mehr so negativ mitgeteilt wurde wie früher, sondern mit eher freudigen Attributen.

Niklas dachte an die alten Märchen aus seiner Kinderzeit zurück. In ihnen galt es als besonders schwere Strafe, wenn jemand nach seinem Tode nicht zur Ruhe kommen konnte. Weil er nicht wirklich sterben konnte. Diese bedauernswerten Menschen mussten in den Märchen nach ihrem Tode noch so lange herumgeistern, bis sie jemand erlöste.

Niklas freute sich nicht wirklich auf seinen Tod. Aber er sah ihn mit einer viel größeren Gelassenheit näher kommen, als er sich dies noch vor Jahrzehnten hätte vorstellen können. Beim Begräbnis seines Freundes Otto fiel Niklas auf, dass überhaupt keine gedämpfte, traurige Stimmung herrschte.

Die Witwe und die Kinder berichteten ganz ungezwungen, fast fröhlich, wie fein es gewesen sei, dass sie sich von Otto in vielen Gesprächen ohne Zeitdruck hätten verabschieden können. Sowohl sie als auch Otto hatten das Gefühl, jetzt habe er sein Leben vollendet, jetzt habe er es erfreulicherweise geschafft.

Niklas kam mit dieser Denkweise schwer zurecht. Sicher, Otto und seine Familie wussten ja schon lange den Endtag. Die Familie hatte sich auch rührend um ihn gekümmert, ihn viel besucht und sehr persönliche Gespräche geführt.

Aber deshalb „in Freude" Abschied zu nehmen? Das Leben erfreulicherweise geschafft zu haben? Das ging Niklas einfach zu weit. Was ihn allerdings zum Nachdenken brachte, war, dass er mit seinen gemischten Gefühlen allein blieb.

Er konnte bei niemandem anderen Zweifel oder Unbehagen entdecken. Zumindest äußerlich nicht. Und er dachte dann wieder an die Ansprache von Kommerzialrat Daniel Swarovski bei der Weihnachtsfeier der Pensionisten seiner Firma im Jahre 1990. Den Text hatte er bei seinen Eltern gefunden: „Ich denke, dass der Tod nichts Schlechtes sein kann, sonst hätte es der Herrgott von Anfang an nicht so eingerichtet."

Daniel Swarovski erzählte weiter über den Besuch eines Geschäftsfreundes bei seinem schwer kranken Vater: „Auf die Frage, wie es ihm gehe, sagte mein Vater, dass er bald sterben werde. Der Geschäftsfreund erschrak und sagte: Vom Sterben spricht man doch nicht! Darauf mein Vater: Doch, doch, man sollte viel früher davon sprechen" (Daniel Swarovski: Gedanken über Geburt und Tod, Swarovski-Journal, 1990, Heft 6, S. 11).

23. Die Normalität des Todes

In früheren Jahrzehnten wurde der Tod meist aus dem Alltag verdrängt. Nur in bäuerlichen Gesellschaften wurde er in der Regel als etwas Natürliches gesehen und in den Familien und im Dorf wurde mit ihm gelebt. Seit die Eltern kurz nach der Geburt eines Kindes den Endtag erfuhren, änderte sich das schlagartig.

Das Leben mit dem Endtag wurde vertrauter, weil bereits jeder junge Mensch seinen Endtag kannte. Und da dieses Wissen bei allen gleich war, löste es auch viel weniger Ängste aus. Außerdem wurde so schon den Kindern vermittelt, dass der Tod Teil des Lebens ist. Er wurde in das Leben integriert und das Leben dadurch um diese Dimension und diesen Kontrast bereichert.

Es war zwar schon eine Belastung, als 15-Jähriger zu wissen, dass man mit 23 sterben würde. Aber man richtete sich darauf ein. Man wusste, wann die Zeit des Todes gekommen war, und bereitete sich auf die letzten Wochen und Tage bewusst und sehr intensiv vor.

Die Literatur über den bevorstehenden Tod und den Umgang damit umfasste bereits Hunderte von Büchern. Überall fand man Titel wie „Was mache ich aus meinen letzten 10 Jahren“, „Die Gestaltung des letzten Tages", „Was mache ich die Nacht davor?", „Den Abschied von der Familie festlich begehen", „Abschied von den Freunden feiern, aber wie?", „Noch 17 Tage" oder „Ohne Ängste in die letzten drei Tage" und „Wie fühlt es sich an, wenn man stirbt?"

Es war, als ob der Tod als völlig unbekanntes Thema und Ereignis neu entdeckt worden wäre. Auch in der Schule wurde viel mehr als früher vom Tod gesprochen. Es war eine ganz natürliche Entwicklung.

24. Die Angst vor dem langsamen Sterben

Patrick hatte sich schon lange daran gewöhnt, dass der 26. Dezember 2099 sein Endtag sein würde.

Sein Leben war überschaubar, 74 Jahre eine schöne Dauer, vor allem, wenn er es mit einigen Alterskollegen verglich, die nicht einmal das 40. Lebensjahr erreichen sollten. Sicher, er hätte gerne das 22. Jahrhundert erlebt.

Nur sechs Tage trennten ihn vom 1. Jänner 2100. Auch dass sein Endtag ausgerechnet am zweiten Weihnachtsfeiertag sein würde, war in seinen Augen überflüssig. Aber es war eben einfach so, und je mehr er es auch innerlich akzeptierte, desto harmonischer würde sein Leben verlaufen.

Patrick hatte festgestellt, dass die, die sich gegen das Wissen um ihren Endtag wehrten, ihr ganzes Leben unter einer inneren Last litten. Das Sich-Wehren war unverständlich. Welche Gründe es auch immer waren, man konnte es ohnehin nicht ändern. Also wirklich, was soll's?!

Eine Frage gab es allerdings. Eine Frage, die alle beschäftigte: Wie werden die Tage vor dem Endtag, wie der Endtag selbst verlaufen?

Wird es ein schneller Tod sein, in wenigen Minuten mitten aus dem Leben herausgerissen? Oder wird dem

Endtag ein kurzes Leiden von einigen Tagen vorausgehen? Oder wird eine Krankheit schon Monate, vielleicht Jahre vorher zu einem langen Leiden führen?

Diese Angst war bei fast allen da. Die Angst vor dem langen Siechtum, bis der Tod endlich die Erlösung bringen würde. Werde ich mich nicht mehr selber versorgen können? Werde ich ein Pflegefall werden? Werde ich eine Belastung für meine Umgebung sein? Würden sich die Ärzte bei meiner Behandlung als Schwerkranker von meinem Endtag beeinflussen lassen? Dürften sie das?

Jeder wusste zwar, wann sein Ende sein würde. Aber ob und wann die Zeit der Einschränkungen oder gar der Behinderungen beginnen würde, war völlig offen. Und das löste Unsicherheit und Angst aus.

Oder wie es der Schriftsteller Wilhelm Raabe (1831–1910) formulierte: „Über den Tod kommt jeder leicht hinweg, aber mit dem Sterben ist's eine andere Sache."

Jeder hoffte, bis zu seinem Endtag fit und eigenständig leben zu können. Aber die Erfahrung zeigte, dass dies nicht allen vergönnt war. Und so blieb die Unsicherheit: Wie werden die letzten Tage, Wochen, Monate oder sogar Jahre vor dem Endtag sein?

Das war nicht vorhersehbar, keiner wusste es. Jeder trug diese letzte Unsicherheit mit sich. Patrick hatte 42 Jahre vor sich, also berührte ihn diese Frage noch nicht wirklich.

Aber er sah jetzt schon in seiner Umgebung, wie manche Pläne durch eine Erkrankung vor dem Endtag zunichtegemacht wurden. Es war schwierig, den letzten

Jahrestag vor dem Endtag zu feiern, wenn jemand nur mehr im Bett liegen konnte und ein Pflegefall war.

Auch in den Fällen, in denen der Tod offensichtlich ganz plötzlich, etwa durch einen Herzstillstand, kam, war es kritisch, diesen Tag mit der Familie zu planen.

Man entschied sich deshalb in immer mehr Familien, die letzte Abschiedsfeier auf den Vortag festzulegen. Da hatte man dann die Sicherheit, dass der Gefeierte nicht plötzlich während der Feier starb.

Dafür war der Tag des Todes frei von Terminen und Planungen. Dieser Tag war geprägt von einem gelösten und gleichzeitig gespannten Warten, alles meist in einer äußeren Gelassenheit, natürlich vor allem bei Menschen, die ganz gesund wirkten und keine Leiden hatten.

Aber im Inneren überschlugen sich die Gedanken. Nicht deshalb, weil noch alles Mögliche zu tun wäre. Nein, deshalb nicht. Nicht mehr. Man beschäftigte sich vielmehr intensiv damit, was noch alles gedacht werden sollte, und zwar in Hinblick auf die letzten Fragen.

Der Wiener Kardinal Franz König (1905–2004) hat die drei Kernfragen für jeden Menschen einmal so formuliert: „Woher komme ich, wohin gehe ich, was ist der Sinn meines Lebens?“ Und damit setzte sich jeder, bewusst oder unbewusst, spätestens am Tag seines Todes auseinander.

Das Wissen, dass es in den nächsten Stunden so weit sein würde, verlieh diesen Fragen eine ungeheure Aktualität und Spannung. Niemand kam dem aus. Auch eine Portion Neugier war damit verbunden.

Die Situation am Tag des Todes war ein bisschen vergleichbar mit der früheren Situation während des ganzen Lebens, nur jetzt auf einen Tag, auf 24 Stunden verkürzt.

So wie man früher wusste, dass man mit Sicherheit in der maximalen Lebenszeit von derzeit rund 120 Jahren sterben wird. Aber der genaue Zeitpunkt war völlig offen. Jetzt wusste man, dass man am morgigen Tag, innerhalb dieser 24 Stunden sterben würde. Aber wann genau?

Die Stunde, die genaue Uhrzeit, war offen. Was sich früher im ganz Großen abspielte, lief jetzt am letzten Tag im Zeitraffer ab. Werde ich noch am Nachmittag Kaffee trinken können, oder ist es gleich nach dem Frühstück, vielleicht sogar gleich nach Mitternacht aus?

Patrick beobachtete mit großem Interesse, wie die Menschen in seiner Umgebung mit dem letzten Tag umgingen. Das gab ihm Sicherheit und er wusste für sich, dass er seinen letzten Tag ganz gelassen beginnen würde. Im Innersten zweifelte er aber trotzdem, ob seine Gelassenheit und Zuversicht auch noch da sein würden, wenn es bei ihm wirklich einmal so weit war.

25. Früher

Die Kinder hörten mit großem Interesse zu, wenn Vater berichtete, wie es früher war. „Früher“, wie oft hatten sie das schon gehört. Und trotzdem faszinierte es sie immer wieder.

„Früher“ war für den Vater einfach der Begriff für die Zeit vor dem Jahre 2015, in der niemand seinen Endtag kannte. Sicher, einige erreichten ein hohes Alter, bis über hundert Jahre. Ein Innsbrucker Universitätsprofessor für Mathematik starb sogar erst zwei Monate vor seinem 111. Geburtstag. Aber allen war gemeinsam, dass sie wussten, dass das Leben einmal ein Ende haben würde, spätestens so um die 100 Jahre, aber meistens schon vorher.

Früher gratulierte man zu den Geburtstagen. Vor allem zu den runden Geburtstagen von 60, 70, 80 Jahren. Wurde in der Familie ein Geburtstag vergessen, so wurde dies vom Betroffenen als verletzend empfunden.

Heute dachte man schon auch noch an die Geburtstage. Aber im Vordergrund standen die Endtage, die gefeiert wurden.

Aber – und das war für die Kinder so unfassbar – niemand kannte früher seinen genauen Endtag. Heute konnte sich jeder darauf einstellen, früher war das Leben ein Warten auf den Tod. Sicher, dass er kommt, unsicher wann. Aber er wurde meist aus Angst verdrängt.

So wie es ein 16-jähriges Mädchen in den Jahren rund um 1970 formuliert hatte: „Der Tod wird von den meisten Menschen in die hinterste Ecke ihres Herzens verdrängt. Eigentlich sollte man sich den Tod zum Freunde machen, denn man lebt ja ständig mit ihm“ (Günther Klempnauer: „Wenn ich nur noch einen Tag zu leben hätte“, Heyne Verlag, S. 178).

Früher hieß es oft: „Lebe und gestalte dein Leben so, als ob du mehr als 100 Jahre alt würdest; lebe aber auch immer im Wissen, dass der heutige Tag dein letzter sein könnte!“

Wobei die meisten Menschen eben nicht warteten, sondern hofften, möglichst alt zu werden. Früher lebten viele in Angst vor dem Tode. Heute war diese Angst teilweise erheblich geringer, manchmal sogar weitgehend verschwunden.

Das Wissen um den Endtag war normal und es wurde auch viel öfter darüber gesprochen. Offensichtlich führte allein die Tatsache, dass alle davon betroffen waren, dass also das Wissen um den eigenen Todestag bei allen vorhanden war, zu einer Verringerung der Angst vor dem Tode.

Früher, ganz am Beginn der Zeit der Feststellung der Lebenskapazität, gab es erhebliche Schwierigkeiten. Es kam immer wieder vor, dass Eltern ihre Kinder der gentechnischen Analyse gleich nach der Geburt entziehen wollten, um dem Kind ein „unbeschwertes“ Leben zu ermöglichen.

Manche gingen deshalb zur Entbindung ins Ausland. Im Geburtsschein stand dann so wie früher nur der Geburtstag, nicht jedoch der Endtag. Aber das bekamen die Behörden bald in den Griff. Es wurde eine Verordnung erlassen, dass ein inländischer Geburtsschein und alle anderen inländischen Papiere erst ausgestellt werden durften, wenn die gentechnische Analyse zur Ermittlung des Endtages durchgeführt und das Ergebnis im Geburtsschein eingetragen worden war. Alle wussten so ihren Endtag. Es wurde so selbstverständlich. Und man hatte Zeit, sich darauf vorzubereiten.

Die einzige kleine Unsicherheit war, dass jemand einem tödlichen Unfall oder einem Mord zum Opfer fallen konnte. Oder sich durch Selbstmord das Leben nahm. Oder sich durch Nahrungsverweigerung ums Leben brachte. Oder durch besonders ungesunden Umgang mit seinem Körper die Lebenszeit reduzierte, zum Beispiel durch Drogen und unmäßigen Alkohol- oder Nikotingenuss.

Ein solcher Tod warf dann wirklich die Lebensplanung der hinterbliebenen Familienmitglieder über den Haufen. Da gab es dann auch unerwartete Begräbnisse.

Die Kondolenzen gegenüber den Hinterbliebenen waren in so einem tragischen Fall tiefer und persönlicher, der Schmerz der Hinterbliebenen dehnte sich auf den ganzen Freundeskreis aus. Der so gewaltsam zu Tode Gekommene wurde wirklich unerwartet „mitten aus dem Leben gerissen". So hieß es dann in den Todesanzeigen. Diese Textierung erinnerte an früher, wo fast alle Todesfälle als unerwartet erlebt wurden. Heute stand man dem viel gefasster gegenüber. Man wusste ja seit Jahren, wann es so weit sein würde.

Es war spannend, wenn der Vater berichtete, dass er den Eindruck hatte, jetzt würden die Menschen viel bewusster leben, jetzt würden sie den einzelnen Tag viel mehr schätzen.

Weil es eben wieder einer mehr von den vielleicht noch restlichen 3650 Tagen war. Man konnte täglich einen Tag von seiner restlichen Lebenskapazität abziehen.

Das war „früher" nicht so. Man lebte, so berichtete der Vater, viel mehr in das Ungewisse hinein, mit zwei Folgen: erstens mehr Angst, und zweitens schätzte man den Wert des einzelnen Tages nicht so. Denn im Gefühl der Leute lagen noch unendlich viele Tage vor ihnen. Zumindest ihrem Gefühl nach.

26. Zurück oder nicht

Florian und Regula engagierten sich beide im Projekt „Zurück oder nicht". Sie waren seit vielen Jahren befreundet. Hier vertraten sie aber ganz entgegengesetzte Standpunkte.

Florian meinte, man solle die Ermittlung der Lebenskapazität verbieten. Regula setzte sich mit aller Kraft für die Beibehaltung der Ermittlung der Lebenskapazität ein. Beide Standpunkte hatten einiges für sich.

Für das Verbot gab es für Florian vor allem folgende Argumente:

- die Benachteiligung von Menschen mit einer kurzen Lebenskapazität war im öffentlichen und privaten Leben trotz aller Verbote nicht zu verhindern;
- die von jedem Einzelnen und an den Einzelnen immer wieder gestellte Frage, ob sich denn „das" – was auch immer damit konkret gemeint war – bei der verbleibenden Lebenskapazität noch rentiere;
- die sich automatisch entwickelnde Klassengesellschaft, in der Menschen mit einer Lebenskapazität von unter einem Jahr nicht mehr viel mitzureden hatten;
- die Weigerung der Mediziner und der Krankenhäuser, kostspielige Operationen an Menschen, die nur mehr eine kurze Lebenszeit vor sich hatten, durch-

zuführen. Es gab sogar eigene interne Rentabilitätslisten, wann sich eine Operation noch rentierte und durchgeführt werden durfte, also von der Krankenkasse noch bezahlt werden würde;
- die Gefahr der Selektion der Studenten bei langen und teuren Studienfächern nach ihrer restlichen Lebenskapazität.

Die, die sich mit Regula für die Beibehaltung der Ermittlung der Lebenskapazität einsetzten, konnten auch mit handfesten Argumenten aufwarten:
- die Planungen des Staates für Schulen, Arbeitsplätze, Pensionen und vieles andere wurden sehr erleichtert und präzisiert;
- der Einzelne konnte sich viel besser auf seine Lebenszeit einstellen;
- durch das Bekanntsein der Lebenskapazität würde das Leben viel bewusster gestaltet werden;
- die Planung innerhalb der Familie wurde, auch wenn es makaber klingt, erheblich erleichtert, und zwar insbesondere hinsichtlich des Erbanfalls, der Wohnungssituation und des Bildens finanzieller Reserven für das Alter;
- durch den weitgehenden Wegfall der Angst vor dem Tode hatten die Menschen ein gelösteres, gelasseneres Leben.

Florian und Regula hatten sich als Sprecher für die beiden Konzepte engagiert. Aber es waren nur wenige, die sich zu ihnen gesellten. Eigenartig.

Es schien, als ob die große Mehrheit mit der gegebenen Situation, also der routinemäßigen Ermittlung und Eintragung des Endtages in die Geburtsurkunde sowie der Speicherung des Endtages in allen Datenlisten der Behörden, zufrieden war und keine Änderungen wünschte.

Die Mehrheit befürchtete offensichtlich auch nicht, dass es zu einer Änderung käme. Sonst wäre der Zulauf zu den Diskussionszirkeln von Florian und Regula mit Sicherheit höher gewesen.

Derzeit kamen zu den monatlichen Treffen kaum mehr als rund 60 Personen. Die Politiker verfolgten diese Diskussionen mit Interesse, mangels größeren Zuspruchs sahen sie jedoch keinen Handlungsbedarf. So blieb die gesetzliche Lage, wie sie war.

27. Der beste Zeitpunkt für das Testament

Die Rechtsanwälte und Notare stellten einen neuen Trend fest. Früher machten jene, die testieren wollten, ihr Testament in der Regel im Alter zwischen 30 und 60 Jahren. Nur rund ein Viertel der Bevölkerung machte überhaupt ein Testament. Der Rest starb ohne.

In diesen Fällen kamen die vom Gesetz vorgesehenen Erben, meist Ehepartner und Kinder, zum Zuge. Jetzt zeigten sich zwei gravierende Änderungen: Zum einen wurde der Zeitpunkt der Testamentserrichtung bis in die letzten Jahre vor dem Endtag hinausgeschoben. Man wusste ja, wie viel Zeit man noch hatte.

Zum anderen wurden in diesen letzten Jahren viel mehr Testamente gemacht als früher insgesamt. Der Prozentsatz der Menschen, die ein Testament machten, verdoppelte sich auf über 50 Prozent.

Die Vertreter der Rechtsanwaltskammer und der Notariatskammer wiesen immer wieder darauf hin, dass man in der Regel bereits dann, wenn Vermögen da war, ein Testament machen sollte. Man könnte ja auch jederzeit Opfer eines Unfalles werden! Aber, wie erwartet, änderte dies nichts daran, dass mit der Errichtung des Testamentes gewartet wurde. Wer rechnet auch schon damit, Opfer eines Unfalles zu werden?

28. Das Kaffeehaus zum Endtag

Der 76-jährige Stefan war seit zwei Monaten Witwer. Tramina, seine Frau, war am 31. März gestorben. So wie sie es beide seit Beginn ihrer Ehe wussten. Tramina hatte eine Lebenskapazität von 72 Jahren, er von 82 Jahren.

Und da er vier Jahre älter war als seine Frau, wusste er von Anfang an, dass er sie um sechs Jahre überleben würde. Er hatte sich vorher nie konkret Gedanken darüber gemacht, da sie bei ihrer Hochzeit wussten, dass sie fast 50 Jahre zusammen leben könnten.

Sie hatten jung geheiratet. Tramina war etwas über 22 Jahre, er knapp 26. Wer denkt da schon daran, was in 50 Jahren sein würde. Aber jetzt war es so weit. Tramina war begraben. Er war allein. Und das für die nächsten sechs Jahre.

Ihre vier Kinder waren alle auswärts verheiratet und kamen ihn regelmäßig besuchen. Aber er wollte nicht zu einem seiner Kinder ziehen. Er wollte die gute Beziehung zu seinen Kindern nicht belasten. Und bei einem dauernden Zusammenleben in einer Wohnung bestand dieses Risiko.

Auch wollte Stefan seine Unabhängigkeit bewahren.

Er hatte erfahren, dass kreative Gastwirte eigene Endtagskaffeehäuser eingerichtet hatten. Dies war eine neue Geschäftsidee, seit fast jedem sein Endtag bekannt war. Er wollte sich das gerne einmal anschauen.

Es gab Ehepaare, die sich schon vor ihrem Endtag dort einfanden. Sie tauschten einfach Erfahrungen hinsichtlich der Gestaltung der letzten Jahre, Monate oder Tage aus.

Und es gab auch viele Witwen und Witwer, die sich zum Zeitunglesen oder zum Plaudern einfanden. Es war eine ideale Umgebung, um neue Bekanntschaften mit Menschen zu machen, die ihren Ehepartner verloren hatten.

Heute wollte Stefan im „Kaffeehaus zum Endtag" den ersten Besuch machen. Er wurde schnell angesprochen und stellte fest, dass alle Gäste sehr offen aufeinander zugingen. Die meisten der alleinstehenden Gäste waren älter und hatten nur mehr wenige Jahre Lebenskapazität vor sich.

Stefan merkte, dass er sich vor allem für die Damen interessierte, die so wie er noch etwa sechs Jahre Lebenskapazität vor sich hatten.

Dabei stach ihm Aurelia ins Auge. Sie war 65 Jahre alt, hatte drei erwachsene Kinder und war seit über einem Jahr verwitwet. Ihn sprach vor allem ihr fröhliches Wesen und ihre Aufgeschlossenheit für Ausflüge, Theaterbesuche und viele andere für ihn neue Aktivitäten an.

Und sie interessierte sich auch für ihn und seine Lebensgeschichte. Zumindest war das sein Eindruck. Sie gingen einige Male zusammen ins Kino, einmal auch ins Theater und machten immer wieder kleine Tagesausflüge in die Umgebung.

Er freute sich jedes Mal, wenn er sie sah. Als sie beschlossen, gemeinsam für drei Tage nach Venedig zu fahren, druckste er verlegen herum. Ob er ein oder zwei Zimmer reservieren solle?

Sie schaute ihn auf ihre liebe Art direkt an und lachte. „Lass uns doch probieren, wie wir beide in einem Zimmer zurechtkommen." Er freute sich riesig, dass sie so unkompliziert war. Er nahm sie in die Arme und drückte sie.

Und nach einem langen weiteren warmen Blick spürte er ihre Lippen auf den seinen. Und in der Folge hielten sie es dann mit William Somerset Maugham (1874–1965), der gesagt hatte: „Im Alter bereut man vor allem die Sünden, die man nicht begangen hat."

Der Aufenthalt in Venedig übertraf alle Erwartungen. Niemals hätte Stefan gedacht, dass Liebe im Alter noch einmal so beglückend sein könnte. Aurelia war eine wunderbare Geliebte. Sie erforschte seinen Körper so liebevoll, so voll eigener Freude und Hingabe. Stefan verliebte sich immer mehr in sie.

Auch Aurelia war von ihm hingerissen. Was für ein interessanter Mann! Nie wurde es langweilig mit ihm. Sie konnte so gut mit ihm reden, lachen, Zärtlichkeiten austauschen. Es war völlig egal, dass ihre Körper nicht mehr straff und jung waren. Die gemeinsam erlebte Lust und das Vergnügen an der Erotik waren unglaublich erfüllend.

Es gab eine Harmonie und Übereinstimmung zwischen ihnen, wie sie es noch nie erlebt hatte. Es war so fein in seiner Nähe. Sie fühlte sich seit langem wieder einmal richtig daheim. Nach der Venedig-Fahrt war es nur mehr eine Frage der Organisation, wo und wie sie zusammenziehen würden.

Dass sie die restliche Lebenszeit intensiv zusammen verbringen wollten, war für beide nach diesen drei Tagen klar. Nicht als Eheleute, sondern als Liebespaar im Alter.

Und darauf freute sich Stefan besonders, war es ihm doch gelungen, in der bevorstehenden Zeit des Alleinseins nicht allein zu sein.

29. Wo soll er sein, der Endtag?

Die meisten Menschen wollten den letzten Tag zu Hause im Kreise der Angehörigen verbringen und dort friedlich sterben. Nur wenn besonders intensive medizinische Betreuung erforderlich war, sah man das Krankenhaus als den normalen Ort, an dem man dem Endtag entgegensah. Manche waren auch bereits im Hospiz und erwarteten dort ihren Tod.

Aber es gab auch zunehmend skurrile Entwicklungen. Einige Menschen wollten ihren Endtag in einer besonderen Umgebung verbringen. Einer ging am Endtag in den Wald, ein anderer ging in die Berge. Andere wiederum machten eine Reise und planten sie so, dass der Endtag mit dem vorletzten Reisetag zusammenfiel.

Einige nahmen sich schließlich ein Hotelzimmer. Sie wollten dort allein sterben. Besonders Unterkünfte in den Bergen, mit einem herrlichen Fernblick über die ganze Landschaft und auf die kilometerweit entfernten Bergspitzen, erfreuten sich steigender Beliebtheit.

So ein Hotel war das Berghotel Adler in 2822 Meter Höhe. Der Hotelier Adamon musste eines Tages erleben, dass von seinen rund 200 Gästen, die von hier den Sonnenaufgang und den Sonnenuntergang besonders schön erleben wollten, zehn an einem Tag verstarben.

Offensichtlich hatten sie ihren Endtag hier geplant. Da wurde ihm bewusst, dass er tätig werden musste.

Ab sofort verlangte er bei der Buchung eines Zimmers eine Kopie der Geburtsurkunde. Dadurch konnte er schon vor Bestätigung der Reservierung ersehen, ob der Endtag in die Zeit des Aufenthaltes im Hotel fallen würde. Wenn dies der Fall war, wurde die Reservierung einfach nicht angenommen. Eine radikale Maßnahme, aber sie war wirksam.

Und eine Maßnahme, die viel Wirbel in der Öffentlichkeit auslöste. War es doch ein klarer Verstoß gegen das Gesetz. Die Diskriminierung eines Menschen auf Grund seines Endtages war eindeutig verboten.

Aber als der Hotelier die Zahl der Toten nannte, die sich offensichtlich bewusst gerade an ihrem Endtag bei ihm einquartiert hatten, erlosch die Diskussion. Man hatte Verständnis, dass der Hotelier sein Hotel nicht bald als Sterbehotel bezeichnet haben wollte.

Der Hotelier wusste allerdings auch, dass sein Verlangen nach Vorlage einer Kopie der Geburtsurkunde einer rechtlichen Überprüfung nicht standhalten würde.

Aber für diesen Fall hatte er schon fertige Pläne in der Schublade. Nämlich massive Preiserhöhungen, die abschreckend wirken sollten. Aber er hoffte, möglichst lang mit der bisherigen Praxis durchzukommen.

Da bekam er unerwartet Unterstützung durch die Tiroler Wirtschaftskammer. Es häuften sich nämlich Fälle, bei denen Menschen ganz bewusst einen Langstreckenflug, eine Schiffsreise, eine Gruppenreise oder einen Hotelaufenthalt terminlich so planten, dass ihr Endtag in diese Zeit fiel.

Die Beschwerden der Veranstalter und Gastwirte häuften sich: Sie empfanden es als nicht zumutbar, dass durch geplante Todesfälle der normale Ablauf bei einer Reise oder bei einem Hotelaufenthalt immer öfter gestört wurde. Und zwar gezielt und geplant.

Die Wirtschaftskammer arbeitete deshalb einen Gesetzesvorschlag aus, wonach genau definierte Unternehmen das Recht erhalten sollten, von ihren Kunden die Vorlage der Geburtsurkunde zu verlangen. Und sie durften den Kunden abweisen, wenn der Todestag in den Zeitraum der geplanten Reise fiel.

30. Da nützte keine Strafandrohung

Virgil Wundsam war gerade wieder einmal aus dem Gefängnis entlassen worden. Diesmal war er 12 Jahre eingesessen. Wegen eines Raubüberfalles und einer versuchten Vergewaltigung.

Am Tage seiner Entlassung hatte er noch eine Lebenskapazität von knapp vier Monaten. Vielleicht war das auch der Grund dafür gewesen, dass das Gericht die Haftdauer so bemessen hatte, dass ihm vor seinem Tode noch einige Wochen in Freiheit blieben.

Doch damit hatte niemand gerechnet: Zehn Tage vor seinem Endtag überfiel er neuerlich eine Frau und vergewaltigte sie. Diesmal blieb es nicht beim Versuch.

Virgil Wundsam wurde noch am gleichen Tage verhaftet. Aber der Staatsanwalt und der Untersuchungsrichter waren hilflos. Man wusste, dass er in zehn Tagen sterben würde. Nicht einmal für die ausführliche Vernehmung des Opfers und für die Verfassung der Anklageschrift würde die Zeit reichen.

Wundsam hatte sein letztes Verbrechen so geplant, dass man ihm nichts antun konnte, außer ihn die restlichen zehn Tage bis zu seinem Endtag in Untersuchungshaft zu nehmen.

Mit seinem Tode würde sein Akt geschlossen und er wegen der letzten Tat nicht als verurteilt gelten. Es war unmöglich, in so kurzer Zeit ein Verfahren bis zu einem rechtskräftigen Urteil durchzuziehen.

Im Bundesministerium für Justiz, im Innenministerium und bei den Polizeibehörden wurde fieberhaft nachgedacht, wie man dieser zunehmenden Kriminalität kurz vor dem Endtag Herr werden könnte.

Denn die Fälle, in denen knapp vor dem Endtag Straftaten verübt wurden, häuften sich. Vor allem bei jenen, die das Gefühl hatten, in ihrem bisherigen Leben benachteiligt worden zu sein.

Das ging in extremen Fällen so weit, dass einzelne noch gesunde Menschen die letzte Zeit vor ihrem Endtag richtig durchdrehten. Vor ihrer Zerstörungswut war dann niemand und nichts mehr sicher.

Und wenn sie trotz des nahen Endtages körperlich in guter Verfassung waren, war zum Beispiel die Versuchung, sich jetzt mit Gewalt Geld zu holen, groß. Eben weil sie das Gefühl hatten, sie könnten sich jetzt risikolos das holen, was ihnen zustünde, ihnen aber zeitlebens zu Unrecht vorenthalten worden sei.

Es war ja auch bequem. Bei einer Straftat knapp vor dem Endtag war die Zeit einfach zu kurz, um den Täter noch vor seinem Tode verurteilen zu können. Wenn man ihn gleich ausfindig machen konnte, war zwar die Verhängung der Untersuchungshaft kein Problem. Aber die Verhängung einer Strafe und die Bestätigung der Strafe durch die Berufungsinstanz würden in der Regel erheblich länger dauern, als die restliche Lebenszeit ausmachte.

Um diese Problematik in Griff zu bekommen, gab

es nun seit kurzem einen entsprechenden Gesetzesentwurf. Eine Novelle zum Strafgesetzbuch, wonach ein Verfahren auch nach dem Tode des Täters bis zum rechtskräftigen Urteil durchgezogen werden konnte.

Der verstorbene Angeklagte sollte durch einen vom Gericht bestellten Kurator vertreten werden. Dadurch würde jedes Strafverfahren mit einem rechtskräftigen Urteil enden. Die anfallenden Kosten würden von der Verlassenschaft des Täters getragen werden.

Weiters regelte die Novelle die Fälle, in denen die Vollstreckung der Haftstrafe durch den zwischenzeitlich eingetretenen Tod des Verbrechers nicht mehr möglich war. Hier sollte die Verlassenschaft als Abgeltung für den verhinderten Vollzug der Gefängnisstrafe zur Zahlung eines entsprechenden Betrages herangezogen werden. Der Betrag würde im Urteil festgelegt werden. Auch die Schäden, die das Opfer erlitten hatte, mussten so wie bisher von der Verlassenschaft getragen werden.

Die Überlegung dahinter war, dass der Verbrecher vielleicht aus Rücksicht auf seine Familie auf seine geplante Straftat verzichten würde. Aber nach längeren Diskussionen in der Öffentlichkeit und mit den eingebundenen Strafrechtsexperten wurde der Gesetzesentwurf wieder zurückgezogen.

Er war einfach zu sehr gegen die jahrzehntelange bewährte Grundkonzeption des Strafrechtes gerichtet. Es hieß also weiter zu überlegen und zu suchen, bis man eine allgemein akzeptierte Lösung für dieses Problem finden würde.

31. Die Diskussion um den Nachfolger

Wenn früher ein Politiker erklärte, in einem Jahr sein Amt niederlegen oder bei der kommenden Wahl nicht mehr kandidieren zu wollen, dann löste er mit dieser Mitteilung in der Regel zwei Entwicklungen aus.

Zum einen begannen die potentiellen Nachfolger ihre Bemühungen um die Position des abtretenden Politikers zu verstärken. Galt es doch allen zu zeigen, dass man selbst der ideale Nachfolger sei und die anderen Interessenten nicht qualifiziert oder zumindest nicht gleich gut qualifiziert seien.

Zum anderen schwanden der Einfluss und die Macht des abtretenden Politikers. Man wusste ja, ab einem bestimmten Zeitpunkt war dieser seinen Posten los und damit hatte er zunehmend weniger zu sagen. In den USA wurden Politiker, deren Funktionsende zeitlich feststand, in den Medien sogar als „lahme Ente“ bezeichnet.

Das, was früher für abtretende Politiker galt, zeigte sich auch bei den Führungskräften in der Wirtschaft, die demnächst das Pensionsalter erreichten. Der Nachfolgekampf verstärkte sich und der Einfluss der vor der Pension stehenden Führungskraft schwand.

Ähnlich war es jetzt bei fast allen Positionen, die mit Menschen besetzt waren, die ihren Endtag vor der Pensionierung hatten. Da fast alle in der Umgebung wussten, dass der Endtag des Finanzvorstandes der Papier AG mit 57 Jahren am 7. September 2040 sein würde, begannen die Positionskämpfe um Macht und Einfluss schon recht früh.

Der Finanzvorstand hingegen wusste, dass dies kommen würde, und bemühte sich, seine Position entsprechend abzusichern. Er versuchte alle, die das Machtspiel erkennbar betrieben, abzuschieben. Er versuchte, sie sich vom Hals zu schaffen durch Versetzung, durch Überhäufung mit Arbeit, manchmal auch durch Kündigung.

Das führte in einzelnen Fällen zu solchen innerbetrieblichen Spannungen, dass es ernsthafte Überlegungen gab, den jeweiligen Endtag firmenintern unter höchste Geheimhaltungsstufe zu stellen. Aber bei den Betrieben, die dies versuchten, zeigte sich schnell, dass das nicht durchsetzbar war. Irgendwie wurde der Endtag doch immer bekannt. So stellte man sich gezwungenermaßen darauf ein. Interessierte Mitarbeiter, die sich für den Posten einer Führungskraft unter Hinweis auf deren nahenden Endtag bewarben, waren keine Seltenheit mehr. Es geschah immer häufiger.

32. Die Ehe auf Zeit

Herbert kam von seinen Gedanken und Grübeleien schwer los. Sollte er Yvonne heiraten oder nicht? Manchmal verfluchte er diese neue Entwicklung, durch die jedem sein Endtag bekannt war.

Wie einfach musste es doch in den früheren Jahrzehnten gewesen sein. Man lernte sich kennen, fand sich sympathisch, verliebte sich und wenn auch sonst alles zusammenpasste, heiratete man. So wie Herberts Eltern. Aber jetzt?

Er war 28, Yvonne 24. Er hatte eine Lebenskapazität von noch restlichen 40 Jahren, sie eine von nur 10 Jahren. Sollte er sich auf eine Ehe mit ihr einlassen im Bewusstsein, nach ihrem Tode in 10 Jahren wieder allein zu sein? Sozusagen wieder ganz von vorne anfangen zu müssen?

Andererseits hatte er, wenn er tatsächlich eine Frau mit einer Lebenskapazität von 40 Jahren fand, keine Garantie, dass alles vier Jahrzehnte lang gut ginge. Dass man sich 40 lange Jahre lang verstehen würde, dass man zusammen in Freude alt werden würde. Und, das kam dazu, woher so eine Frau nehmen?

Bei der Art, wie Yvonne und er sich liebten, war er sich sicher, dass die Ehe die zehn bevorstehenden Jahre halten würde. Letztlich verließ sich Herbert also doch auf sein Gefühl und entschied sich für Yvonne. Und nachdem er die Entscheidung getroffen hatte, spürte er, wie die quälende Spannung von ihm abließ.

Mit Yvonne hatte er seine Ängste und Grübeleien immer wieder besprochen. Und obwohl es um eine schwierige Thematik ging, waren es immer sehr feine Gespräche gewesen. Nach jedem Treffen mit Yvonne war er richtig glücklich, in ihr eine so verständige Partnerin gefunden zu haben.

Als er ihr schließlich einen Heiratsantrag machte, nahm sie ihn in die Arme und drückte ihn. Er spürte, auch sie war glücklich mit seiner Entscheidung. Als sie sich von ihm löste, sah sie ihm lange in die Augen. Dann meinte sie mit einer warmen Stimme, die er so schätzte und die sie nur in besonderen Augenblicken der Intimität hatte: „Ich freue mich auf die zehn Jahre mit dir."

Sie verbrachten diesen Abend in einem sehr guten und gemütlichen Restaurant. Es war kombiniert mit einem Tanzlokal mit dezenter Musik. Als sie nach vielen Tänzen zu Yvonne nach Hause gingen, schliefen sie eng umschlungen ein. Jeder war zutiefst zufrieden und gelöst. Und vor allem glücklich, einen so lieben Partner gefunden zu haben.

Die Jahre vergingen und sie waren wirklich ein zufriedenes Paar. Aber plötzlich stellte Herbert fest, dass er sich in Gesellschaft und bei sonstigen Gelegenheiten immer öfter für die Lebenskapazität von Frauen, die ihm gefielen, interessierte.

Anfangs merkte er es gar nicht, oder besser, es wurde ihm nicht bewusst. Als aber Yvonne feststellte, dass er sich bei verheirateten Frauen auch für die Lebenskapazität des Ehemannes interessierte, sprach sie ihn darauf an. Sie konnte nämlich das Gefühl nicht mehr loswerden, Herbert plane jetzt schon für die Zeit nach ihrem Tode. Natürlich stritt Herbert dies ab. Er musste aber zugeben, dass er sich immer öfters mit der Frage befasste, was mit ihm nach ihrem Tode sein würde.

Sie erschraken beide, als es ausgesprochen war. Aber dann spürten sie, dass sie beide damit leben müssten und es keinen Sinn hätte, die Augen vor der Realität ihrer nur noch kurzen gemeinsamen Lebenszeit zu verschließen. Aber als bedrückend empfanden sie es beide.

33. Die Religion wird wichtig

Ein unerwartetes Merkmal der neuen Zeit war die Zunahme des religiösen Lebens. Es war die direkte Folge des Wissens um den persönlichen Endtag.

Früher fanden manche Menschen den Weg zur Kirche erst dann, wenn sie zum Sterben kamen. Dann wünschten sie sich einen geistlichen Beistand für die letzten Stunden. Jetzt stellten fast alle Kirchen fest, dass die Menschen sich schon viel früher für weltanschauliche Fragen und Religion interessierten. Nicht erst am Sterbebett oder im Zuge einer langen schweren Krankheit, sondern oft schon zehn bis zwanzig Jahre vor dem Endtag.

Dies war für die Amtsträger der Kirchen deshalb überraschend, weil ja jeder Mensch früher auch schon wusste, dass er sterben werde, nur der Zeitpunkt war unklar. Aber offensichtlich kam durch das konkrete Datum des Endtages viel mehr in Bewegung, als man je vermutet hatte.

Die Kirchen reagierten auf diese Entwicklung. Es gab bald in jeder Konfession Arbeitskreise über die Gestaltung des letzten Jahres, über den Umgang mit den Familienangehörigen, über den Umgang mit dem bald Sterbenden, über die Vorbereitung auf den tatsächlich letzten Tag.

In den Pfarren gab es Abschiedsfeiern für die Gemeindemitglieder, die im kommenden Monat ihren Endtag hatten. Zu diesen Feiern kamen immer sehr viele Besucher. Die meisten, die nicht kamen, konnten schon nicht mehr, weil sie ihre Krankheit, die dem Sterben vorausging, ans Bett fesselte.

Für den Geistlichen, der die Feier gestaltete, war sie eine besondere Herausforderung. Wussten doch alle, dass viele Teilnehmer, die heute noch anwesend waren, am Ende des kommenden Monats nicht mehr am Leben sein würden. Und hier die passenden Worte zu finden, war gar nicht so einfach. Aber das gemeinsame Erleben dieser letzten Wochen war für viele auch eine freudige Zeit. Hatte man doch das große Glück, in einer schwierigen Situation nicht allein zu sein.

Man konnte mit so vielen Menschen, die in der gleichen Situation waren, reden und Erfahrungen austauschen. Und dies vermittelte Zuversicht und auch Freude.

Man war einfach nicht allein.

34. Jeder Tag ein Erlebnis

Xerxes hatte seit seinem 32. Lebensjahr Krebs. Früher wäre dies ein Schock für die ganze Familie gewesen. Krebs gehörte zu den Ereignissen, die immer nur andere betrafen. So wie schwere Unfälle, Brände, Überfälle, unheilbare Krankheiten.

Aber wenn der Krebs in der eigenen Familie ein Opfer gefunden hatte, musste man sich dem stellen. Weglaufen sinnlos. Sinnlos für den direkt Betroffenen, sinnlos für die übrigen Familienmitglieder.

„Wir haben gelernt, dass das Leben Frist ist", berichtet Fulbert Steffensky nach dem dramatischen Zusammenbruch seiner Frau, zehn Jahre vor ihrem Tode (Steffensky, Mut zur Endlichkeit – Sterben in einer Gesellschaft der Sieger, Radius Verlag Stuttgart, 2007, S. 43). Das ganze Leben musste plötzlich umgestellt, umgedacht werden.

Belastend war auch die Ungewissheit, wann man nun genau sterben würde. Die krebskranke 71-jährige Marlene Schumacher wohnt in einem Kölner Sterbehospiz und formulierte sehr eindringlich:

„Wenn ich genau wüsste, wie lange ich noch zu leben hätte, ginge es mir besser. Dann könnte ich bewusst mit meiner Zeit umgehen, mehr nachdenken und öfter aufstehen. Über den Satz ‚du hast noch zwei Tage' würde ich mich freuen. Dann könnte ich mein

Leben gut vollenden. Aber so lebe ich in einem ungewissen, leeren Wartezustand. Ich habe hier unendlich viel Zeit, mit der ich nichts anzufangen weiß" (zitiert aus GEO, Ines Possemeyer und Franz Killmeyer: Gesellschaft in Zeitnot – Die Diktatur der Uhr, August 2005, S. 101).

Ähnlich äußert sich Peter Noll, Professor für Strafrecht an der Universität Zürich, der in seinem 56. Lebensjahr erfährt, dass er an einem Blasenkrebs erkrankt ist. Die ihm angeratene Operation lehnt er ab. Er geht die letzte Wegstrecke in der bewussten Absicht, sich mit der Erfahrung des Sterbenmüssens auseinanderzusetzen. Er will diese Erfahrung weitergeben an die Lebenden, die ja auch sterben müssen: „Meine Erfahrung war die: Wir leben das Leben besser, wenn wir es so leben, wie es ist, nämlich befristet. – Ich kann Ihnen sagen, weil ich es in den letzten Monaten erlebt habe, dass der Gedanke an den Tod das Leben wertvoller macht." (Peter Noll: Diktate über Sterben und Tod, 1984, S. 117)

Bei Xerxes war es jetzt anders. Alle wussten seit seiner Geburt, dass er leider nur eine Lebenskapazität von 36 Jahren hatte. Deshalb hatte er auch nicht geheiratet.

Was er am Anfang seines Lebens und in der Jugend als Belastung empfunden hatte, erlebte er jetzt als Befreiung. 36 Jahre, 1 Monat und 22 Tage würde er alt werden. Es war eigenartig. Manchmal waren die Schmerzen fast unerträglich, manchmal spürte er sie nur ganz wenig.

Aber dadurch, dass er Krebs hatte und fallweise unter den Schmerzen litt, hatte die Zeit bis zu seinem Endtag eine ganz andere Qualität. Er wusste genau, wie lange er noch durchhalten musste, bis ihn der Tod erlösen würde. Und diese Zeit wollte er nutzen. Und wie er sie nutzte!

Es gelang ihm, die Angst, so bald sterben zu müssen, umzudrehen und sich zu freuen, dass er noch so lange leben durfte. Wenn auch mit Schmerzen und mit Einschränkungen.

Aber die Freude an jedem Morgen, wieder einen vollen Tag vor sich zu haben, überstrahlte alles. Wieder einen vollen Tag von den noch über 1000, die ihm blieben. Er begriff, dass er die fehlende Quantität seines Lebens nur durch Qualität ausgleichen konnte.

Xerxes plante für jeden Tag etwas Besonderes, etwas Ungewöhnliches. Er wollte an jedem Abend mit Freude und Dankbarkeit auf den vergangenen Tag als einen besonderen Tag mit einem besonderen Erlebnis zurückblicken können.

Dabei waren es oft nur Kleinigkeiten. Auf einem Berggipfel eine volle Stunde sitzen und einfach nur schauen. Aus einem schönen Haselnusszweig für seinen 5-jährigen Neffen Adrian ein Flötenpfeifchen schnitzen. Mit seinem Cousin Bert in ein modernes Theaterstück nach München fahren.

Mit seiner Cousine Corinna Englischvokabeln lernen. Seiner Tante Dorothee zuhören, wie sie ihm zwei Stunden aus ihrer früheren Zeit erzählte. Seine vier alten Schulfreunde Emil, Hermann, Gabriel und Franz einladen zu einem Ausflug mit einem VW-Bus durch die Dolomiten.

Dazwischen sich einen Tag zurückziehen und ganz bewusst über die letzten Fragen wie das Weiterleben nach dem Tode nachdenken.

Dann eine einsame unbekannte alte Dame im Altersheim besuchen. Oder ein Kapitel aus der Bibel lesen und darüber meditieren. Oder drei Tage in der Woche jeweils zwei Stunden Italienisch lernen.

Oder auch einfach mit seinen beiden Tanten Idi und Julia in ein Ausflugsrestaurant essen gehen. Manchmal sich dem jungen Paar Klaus und Lilli als Babysitter anbieten. Xerxes stellte fest, dass es viele Möglichkeiten gab, jeden einzelnen Tag individuell zu gestalten, manchmal vielleicht auch ungewöhnlich oder sogar verrückt.

Aber, und das war für ihn so herrlich, jeder Tag hatte damit für ihn eine ganz eigene Bedeutung und jeder einzelne Tag unterschied sich von jedem anderen. Noch setzte ihm sein Gesundheitszustand wenig Grenzen. Xerxes wusste, dass er dann später, wenn die Krankheit weiter fortgeschritten war, manches nicht mehr wird machen können.

Er war aber sicher, dass ihm mit Phantasie, Kreativität und dem Willen zum Engagement bis in die allerletzten Tage viele Möglichkeiten offenstanden, wenn er nur wollte. Und darauf freute er sich.

Es war für Xerxes auch interessant, dass ihn seine Aktivitäten gar nicht so viel kosteten, wie er ursprünglich befürchtet hatte. Er kam mit seinen regelmäßigen Einkünften sehr gut aus.

Er hatte auch noch kleine Ersparnisse. Diese würde er aufbrauchen. Damit wollte er sich und anderen durch die individuelle Gestaltung der verbleibenden Tage noch eine Freude machen. Dadurch, dass er wusste, wann sein Endtag war, konnte er sich seine Geldmittel gut einteilen.

Xerxes wunderte sich oft selber. Er fragte sich, ob er sich nicht seine Freude nur vormachte. Aber er stellte jeden Tag fest, dass ihn die Rückschau auf den gerade erlebten Tag mit großer Freude und Genugtuung erfüllte. Es war ihm gelungen, auch diesen heutigen, gerade vergangenen Tag mit einem ganz individuellen Programm wieder als besonderen Tag zu gestalten. Es wäre für ihn unerträglich gewesen, zu Hause zu sitzen und nur auf seinen Endtag zu warten.

Dank des Bemühens, jeden Tag zu einem eigenen Erlebnis zu machen, freute er sich auf jeden neuen Tag, obwohl er ihn seinem Endtag näher brachte. Er erlebte jeden Tag als neues Geschenk. Und zwar trotz seiner Schmerzen.

Xerxes war dankbar, dass es ihm gelang, für sich das umzusetzen, was er in der Palliativstation des Bremer Klinikums Links der Weser gelesen hatte: „Man kann dem Leben nicht mehr Tage geben, aber dem Tag mehr Leben.“

35. Das Hospiz mit zusätzlichen Aufgaben

Ende des 20. Jahrhunderts hatte die Hospizbewegung große Verbreitung gefunden. Menschen, deren Tod in den nächsten Tagen, Wochen oder Monaten möglich schien oder geradezu erwartet wurde, wurden in einem Hospiz aufgenommen und liebevoll betreut. Sie sollten in ruhiger Umgebung, begleitet von ausgebildetem Personal und meist auch von Angehörigen, in Ruhe sterben können.

Durch das Wissen um den Endtag änderte sich die Situation für das Hospiz. Die Reservierungen der Plätze erfolgten jetzt viel langfristiger und zeitlich begrenzt.

Einzelne Menschen bemühten sich sogar geraume Zeit vor ihrem Endtag, eine Reservierung im Hospiz zu erhalten. Sie wussten ja nicht, ob ihrem Tod ein wochenlanges oder monatelanges Leiden vorausgehen würde. Oder, ob sie bis zu ihrem Endtag gesund bleiben und erst am letzten Tag durch ein plötzliches Organversagen aus dem Leben gerissen würden.

Da der Endtag fix war, wusste man im Hospiz genau, wann wieder ein Bett frei werden würde. Es gab zahlreiche Vormerkungen, von denen aber nur ein geringer Teil in Anspruch genommen wurde. Viele Menschen blieben bis knapp vor ihrem Endtag gesund und gingen deshalb nicht ins Hospiz.

Die Tätigkeit der Sterbebegleitung im Hospiz unterschied sich gegenüber früher dadurch, dass alle ihren Todestag kannten. Dies führte zu einer merkbaren Erleichterung der Begleitung im Sterbeprozess.

In vielen Fällen konnte durch das Wissen um den jeweiligen Todestag ein individueller Weg für die Begleitung in der Krankheit gefunden werden. Das Wissen um den genauen Todestag konnte zwar belastend sein, war aber in den meisten Fällen eine Hilfe. Denn es ließ einen Teil der Angst überwinden, die die meisten fest im Griff hatte.

Man spürte, dass es für den Betroffenen und auch für die Familie eine Erleichterung war, zu wissen, in wie viel Monaten das Leiden zu Ende sein würde.

Der Patient wusste, dass er zum Beispiel nur mehr drei Tage zu leben hatte. Die früher bestehende Unsicherheit über die restliche Lebenszeit oder im günstigsten Fall über die Rückkehr nach Hause, weil sich der Zustand so gebessert hatte, fiel weg.

Das Gespräch zwischen den Betreuern, den Angehörigen und den Patienten bekam eine ganz andere Dimension. Ging es doch in den meisten Fällen darum, was in den verbleibenden Tagen und Stunden noch sein sollte, was getan werden müsste. Man konnte rechtzeitig besprechen, welche Vorlieben des Kranken zu berücksichtigen waren. Dies war besonders wichtig bei Patienten, die zuletzt nicht mehr sprechen konnten.

Es kam auch immer wieder vor, dass sich ein Patient wünschte, von seiner Ehepartnerin oder Lebensgefährtin besucht zu werden. Man sorgte dann dafür, dass die beiden ungestört blieben, und ermöglichte so den Genuss der körperlichen Liebe und der erotischen Berührung bis zum Ende eines Lebens. Auch von den Patientinnen wurde dieser Wunsch geäußert. Meist war beim Kranken dann eine deutliche Verbesserung seiner Stimmung und seines Zustandes noch Stunden nach diesen Treffen spürbar.

Welche große Bedeutung dies hat, formulierte der an Krebs verstorbene Arzt Servan-Schreiber sehr klar: „Begehren und Zärtlichkeit zugleich. Das macht die Schönheit der Sexualität aus. Allerdings ist ein Krankenzimmer, das man nicht abschließen kann, nicht der ideale Ort für eine romantische Wiederbegegnung ..." (David Servan-Schreiber: Man sagt sich mehr als einmal Lebewohl, S. 38).

Eine neue Entwicklung wurde auch dadurch ausgelöst, dass viele, die sich zum Sterben im Hospiz anmeldeten, von Angst begleitet wurden, stand doch der Tod konkret vor Augen.

Die Hospizbewegung entschloss sich deshalb, Kurse einzurichten, in denen die Menschen die Möglichkeit hatten, sich bewusst in einer Gemeinschaft und mit fachkundiger Betreuung auf die Zeit vor dem Tode vorzubereiten.

Es gab Kurse unter den Bezeichnungen „Noch 10 Tage", „Noch 30 Tage", „Noch 3 Monate" oder „Noch 6 Monate". Also alles unter dem Motto: „Noch so viel Lebensdauer bis zum Endtag".

Das Zusammenführen nicht der „Gleichaltrigen", sondern der „Gleichrestlichen" erfreute sich großer

Beliebtheit. Manche Kurse mussten sogar in fünf Parallelkursen geführt werden.

Es wurde dort alles vermittelt, was für die Zeit bis zum Tode wichtig war: Wie mache ich ein Testament? Wie erstelle ich eine Liste meines Vermögens? Wer soll eine Todesanzeige zugesandt erhalten? Wie gestalte ich meine letzte Woche? Wie komme ich mit meinen Ängsten zurecht?

Dadurch, dass dies in Gemeinschaft geschah und oft auch die Ehepartner mitkamen, verloren die Gespräche vor dem Tod und über den Tod viel von ihrer Beklemmung.

Und für die Hospizbewegung waren diese Kurse eine neue Einnahmequelle. Dadurch wurde die Hospizarbeit auch etwas unabhängiger von den Zuwendungen der öffentlichen Hand.

36. Angst und Panik vor der letzten Woche

Lukas wusste seit seiner Kindheit, dass sein Endtag sieben Tage nach seinem 69. Geburtstag, also am 24. Juni, sein würde. Er hatte sich lange mit seinem Endtag befasst und war bis vor einem Monat völlig gelassen.

Seine persönlichen Sachen hatte er weitgehend geordnet und sich von seinen Freunden verabschiedet. Mit seiner Gesundheit war er jahrelang sehr zufrieden gewesen.

Aber seit einigen Tagen spürte er doch, dass das Herannahen des Todes ihn nicht mehr gelassen sein ließ. Er wunderte sich selber. Hatte er doch die Situation des letzten Monats vor seinem Endtag sehr oft durchgedacht und in Gedanken auch durchgespielt.

Er hatte doch alles so gut vorbereitet. Er wollte in Ruhe und Gelassenheit gehen können. Aber jetzt, wo alles ganz konkret wurde, spürte er doch Beklemmung, ja geradezu Panik aufsteigen.

Wie würde es wirklich sein? Was würde nach dem Tod sein? Würde er bis zum letzten Tag gesund bleiben? Und wie würde er dann wirklich sterben? Würde er an Schmerzen leiden müssen? Würde er gar ersticken?

Er spürte, wie diese Fragen und die Ungewissheit der Antworten sich immer mehr seines Denkens bemächtigten. Und er spürte, wie er immer mehr unter Druck kam. Seine Souveränität war endgültig dahin.

Dabei hatte er sich doch vorgestellt, dass es bis zum vorletzten Tag locker weitergehen würde. Und jetzt musste er an sich feststellen, dass er einfach Angst bekam. Angst vor dem Ende. Panik, plötzlich nicht mehr am Leben zu sein.

Er hörte in seinen Körper hinein und glaubte, da und dort kleine Schmerzen wahrzunehmen. Sollten das die ersten Vorboten des Todes sein?

War es Zufall oder Folge seiner Ängste: Sein Gesundheitszustand verschlechterte sich tatsächlich von Tag zu Tag. Innerhalb einer Woche war er bettlägrig und der Arzt musste ihn informieren, dass er Bauchspeicheldrüsenkrebs im fortgeschrittenen Stadium hatte.

Er wusste, dass er in drei Wochen, also am 24. Juni seinen Endtag hatte. Und jetzt hatte er Angst vor den Schmerzen dieser kommenden drei Wochen. Der Arzt bereitete ihn schonend darauf vor, dass die Schmerzen innerhalb weniger Tage unerträglich sein würden. Die einzige Linderung wäre möglich, wenn er bereit wäre, zur palliativen, also schmerzlindernden Betreuung in ein Hospiz zu gehen. Zu Hause war diese Betreuung nicht möglich.

Lukas wollte nicht. Er wollte zu Hause bei seiner Familie bleiben. Aber von Tag zu Tag wurden die Schmerzen unerträglicher, obwohl er die vom Hausarzt verschriebenen Schmerzmittel nahm. Er konnte keine feste Nahrung mehr aufnehmen und wurde völlig abhängig von fremder Hilfe. Er war hin und her gerissen. Also doch ins Hospiz. Oder doch nicht?

Er entschloss sich, zu Hause zu bleiben. Ganze sieben Tage hielt er das durch. Dann waren die Schmerzen so stark und er war mit seinen Kräften und mit seinem Selbstbewusstsein so am Ende, dass er seine Familie bat, ihn für die letzten zwei Wochen doch noch ins Hospiz zu bringen. Tatsächlich war noch ein Platz frei.

Das Einzige, was ihn in diesen vierzehn Tagen neben der exzellenten und so persönlichen Betreuung im Hospiz aufrecht hielt, war das Wissen, dass er nur mehr zwei Wochen leiden musste.

In dieser Zeit hatte er auch etliche Tage, an denen er halbwegs schmerzfrei und bei klarem Verstand war. Da fragte er sich dann, ob das Wissen um den Endtag wirklich so positiv sei, wie er – und viele – immer geglaubt hatten. Es stimmte schon, er wusste, wann sein Leiden zu Ende sein würde. Aber die letzte Zeit bis zu diesem Tage hatte er sich anders vorgestellt.

Jetzt empfand er sie einfach als unerträglich. Lukas konnte die positive Sicht des Endtages nicht mehr teilen, andererseits wusste er, dass sein Leiden in jedem Fall so abgelaufen wäre, auch wenn er den genauen Endtag nicht vorher gewusst hätte.

War also das Wissen um den Endtag wirklich eine Erschwernis? Oder war es doch auch eine Erleichterung zu wissen, wann das Leiden definitiv zu Ende war? Unter diesem Aspekt wäre das Wissen um den Endtag wieder positiv einzustufen gewesen.

Lukas starb, ohne diese Frage für sich endgültig geklärt zu haben.

37. Die Endtagsreisen

Früher waren Reisen für Senioren, Singles und Jugend beliebte Gelegenheiten, Menschen in ähnlichen Lebenssituationen kennen zu lernen. Jetzt waren kreative Reisebüros dazu übergegangen, Reisen für Menschen anzubieten, die mehr oder weniger die gleiche Lebenserwartung hatten, unabhängig von ihrem Alter.

So gab es Reisen für die, die noch ein, zwei, drei, vier oder fünf Jahre vor sich hatten, bis herauf zu zehn Jahren. Die Reisebüros waren überrascht, wie groß die Nachfrage für die Endtagsreisen oder „ET-Reisen", wie sie bald genannt wurden, war. Die meisten Teilnehmer wurden über das Internet darauf aufmerksam. Dessen Bedeutung war für die Kommunikation zwischen Menschen mit gleichem Todestag oder gleicher Lebenskapazität stetig im Wachsen.

Fast nur Alleinstehende, also vor allem Junggesellen, Verwitwete und Geschiedene, machten von diesem Angebot Gebrauch. So auch Cynthia, die 49 Jahre alt war und ihren Mann vor zwei Jahren verloren hatte. Sie hatte noch acht Jahre Leben vor sich.

Als sie die Reise für „Noch acht Jahre" buchte, war sie sehr skeptisch, was sie da wohl erwarten würde. Sie ging davon aus, dass sie alle Altersstufen treffen würde. Das Verbindende war eben für alle „Noch acht Jahre".

Und in der Tat: Da gab es die traurige 20-jährige Doris, bei der bisher jede Freundschaftsbeziehung daran gescheitert war, dass niemand sich ernsthaft auf jemanden einlassen wollte, mit dem nur wenige gemeinsame Jahre möglich waren.

Da war der 46-jährige Emil, der vor 1½ Jahren seine Frau begraben musste und dessen Sohn jetzt seine Berufslaufbahn begonnen hatte und nicht mehr so vom Vater abhängig war.

Es gab die 48-jährige Frederike, die vor kurzem ihre mühsame Scheidung abgeschlossen hatte.

Auch Gert war da. Er war 59 Jahre alt und zeit seines Lebens Junggeselle geblieben. Aber für seine letzten acht Jahre suchte er jetzt doch eine dauerhafte Bindung.

Rund 100 Personen hatten sich für diese 14-tägige Reise „Juwelen Italiens" angemeldet. Man fuhr in zwei vollklimatisierten, modernen Touristenbussen mit Panoramascheiben. Schon in den ersten Tagen bildeten sich Gruppen, fanden sich Pärchen zusammen.

Cynthia war fasziniert von Gert. Ein liebenswürdiger und zuvorkommender Mann. Dazu seine Augen, seine Blicke! Seine unkonventionelle Art bewirkte, dass sie ihn einfach gernhaben musste. Die ganze Fahrt waren sie viel zusammen und sie spürte, dass auch er sie gut leiden konnte. Sie lachten so viel zusammen.

Cynthia hatte den festen Vorsatz gefasst, sich auf der Fahrt auf nichts einzulassen. Sie ließ deshalb niemanden, auch Gert nicht, zu nahe an sich heran. Aber sie wusste, nach der Fahrt, sozusagen im Alltag, würde sie ihn weiter treffen. Und zwar jenseits von Italien, Juwelen, Sonne, Urlaub und Erholung.

Nach der Fahrt stellte sie fest, dass er, herausgerissen aus dem Urlaubswirbel und zurück im nüchternen Berufsalltag, noch um vieles liebenswerter war als auf der Reise. Sie verliebte sich noch mehr in ihn.

Da er ähnliche Gefühle für sie empfand, zogen sie zwei Monate später zusammen und heirateten genau am 1. Jahrestag des Beginnes ihrer Reise „Juwelen Italiens“. Zur Hochzeit luden sie auch die Freunde ein, mit denen sie auf der Reise viel zusammen waren.

Zu ihrer Überraschung stellte sich heraus, dass nach dieser Reise außer ihnen noch neun weitere Paare den Weg zum Standesamt gefunden hatten. Offensichtlich war es einfach zu verlockend, die noch verbleibenden Jahre gemeinsam mit einem liebenden Partner zu verbringen, der auch etwa den gleichen Endtag hatte.

38. Noch schnell

Das Wissen um den eigenen Endtag hatte einen äußerst positiven Nebeneffekt. Früher schoben die meisten Menschen unangenehme Dinge, die sie tun wollten oder mussten, die aber nicht besonders dringend waren, vor sich her.

Jetzt war das nicht mehr so leicht möglich. Die bis zum Endtag nur mehr begrenzt zur Verfügung stehende Zeit zwang dazu, die Dinge umzusetzen, wollte man sie nicht unerledigt zurücklassen.

Unter Zeitdruck kamen manche Menschen bei der Pflege persönlicher Beziehungen. Einerseits wollte man das Versprechen, sich vor seinem Endtag noch zu treffen, unbedingt einlösen. Andererseits wurde die verfügbare Zeit mit jeder Stunde wertvoller.

Viele fanden die Lösung aus diesem Dilemma darin, dass sie schon früh begannen, eine Einteilung zu treffen, an welchem Tag sie sich mit welchem Verwandten oder Freund auf ein ausführliches Gespräch treffen wollten. Dies führte zu einer erheblichen Erleichterung, vor allem weil dadurch schon frühzeitig festgelegt worden war, wen man noch treffen wollte und wen nicht mehr. Manchmal erfolgte dieses Gespräch oder die geplante Erledigung dann allerdings trotzdem erst in den letzten Wochen vor dem Endtag.

39. Die Versöhnung gelang gerade noch rechtzeitig

Durch das Wissen um den eigenen Endtag stieg auch das Bedürfnis, geordnete und friedliche Verhältnisse zu hinterlassen. Bei fast jedem wurde dieser Wunsch in den letzten Monaten seines Lebens so stark, dass vieles andere in den Hintergrund trat. So auch bei Gabriele.

Gabriele hatte sich vor Jahren mit ihrer Schwester Hannelore im Zusammenhang mit einer Erbschaft tief entzweit. Es folgten böse Briefe und böse Gespräche. Jetzt, angesichts ihres Todes in fünf Monaten, bedrückte Gabriele diese Situation ganz massiv.

Jahrelang hatte sie dem Rest der Familie immer wieder erklärt, wie gleichgültig ihr Hannelore sei. Aber jetzt war es doch anders.

Vor allem, da Gabriele sich schon lange vor ihrem Tode bemühte, alles mit ihren Kindern abzusprechen und zu regeln. Es sollte nach ihrem Tode kein Streit ausbrechen.

Und gerade sie würde nun im Zwist mit ihrer Schwester sterben! Wollte sie das wirklich? Die Situation war damals, wie bei so vielen Familienstreitigkeiten, mehr und mehr eskaliert, bis es dann zum endgültigen Bruch kam. In der Folge hatte Gabriele jedes Gespräch abgelehnt.

Ein früherer, im Amt verstorbener Präsident der Tiroler Rechtsanwaltskammer hatte einmal geäußert: „Auch Eklats muss man vergessen können!"

Gerade in einer Familie war es jedoch schwierig, Eklats zu vergessen. Wusste doch in der Regel jeder, dass er, und nur er, im Recht war. Aber angesichts des nahenden Todes verlor die Frage, wer im Recht war, von Tag zu Tag mehr an Bedeutung.

Die Vergangenheit konnte nicht mehr geändert werden, nur das Jetzt und daraus fließend die Zukunft.

Vier Monate vor ihrem Endtag war es dann so weit. Gabriele rief Hannelore an und erklärte ihr, dass sie vor ihrem Tode gerne gemeinsam mit ihr einen Strich unter die Vergangenheit ziehen möchte. Sie lud Hannelore ein, sie zu besuchen.

Im persönlichen Gespräch gelang es ihnen dann, die Vergangenheit als vergangen zu erklären und einen Schlussstrich zu ziehen. Man einigte sich, nur mehr an die Gegenwart und Zukunft zu denken und dafür zu leben.

Als Hannelore wieder nach Hause fuhr, spürte sie, wie erleichtert Gabriele bei der Verabschiedung war. Hannelore merkte auch an sich, wie sie von einer Last befreit war.

40. Der Konflikt um den Datenschutz

Es brauchte einige Jahre, bis man im Bereich des Datenschutzes Lösungen hinsichtlich des Endtages gefunden hatte. Vor allem Lösungen, mit denen alle oder zumindest fast alle zufrieden waren.

So gab es lange Diskussionen, ob man den Endtag in die Geburtsurkunden der Kinder eintragen sollte oder nicht und in welchem Alter Kinder über ihren Todestag aufgeklärt werden sollten.

Während der Schutz personenbezogener Daten auch eines neugeborenen Kindes unbestritten blieb, gab es doch ganz wesentliche Argumente, die für das Eintragen des Endtages in die Geburtsurkunde sprachen.

Zum einen war diese wichtige Information damit auf Dauer gesichert, und zum anderen wussten zunächst nur die Eltern davon. Und natürlich die Behörden und Institutionen, bei denen die Geburtsurkunde im Zusammenhang mit einem Amtsgeschäft vorgelegt werden musste.

Eine lang diskutierte Frage war, ob in den amtlichen Aufzeichnungen der Behörden, bei denen immer der Geburtstag aufschien, zusätzlich auch der Endtag gespeichert werden sollte. Denn für die öffentliche Verwaltung war die Information über den Todestag des einzelnen Bürgers besonders interessant.

Nicht wegen der Auswirkungen im Einzelfall, sondern wegen des Einflusses der Information auf die Pensionsgesetze, die Steuergesetze, die Städteplanung, die Wohnbauplanung, die gesamte Budgetplanung und auf viele andere Bereiche.

Die Verwaltungsbehörden und damit die politischen Verantwortungsträger könnten sich so ein ziemlich genaues Bild über die Bedürfnisse des Landes oder der Städte in den nächsten Jahrzehnten machen.

Würde man aber den staatlichen Behörden durch ihr Wissen um jeden Todestag nicht viel zu viel Einfluss auf das eigene Leben einräumen? Ist das Wissen um den Endtag nicht Ausdruck des gesteigerten Kontroll- und Sicherheitsbedürfnisses unserer Zeit und schon aus diesem Grund abzulehnen?

Man einigte sich schließlich darauf, dass grundsätzlich niemand wegen seines Endtages benachteiligt werden dürfe, und wählte dabei eine ähnliche Formulierung wie beim verfassungsmäßigen Verbot von Diskriminierungen auf Grund der Abstammung, des Geschlechtes, des Alters, der Religion, der Rasse und der Sprache.

Weiters einigte man sich darauf, dass der Termin des Endtages so wie die Information über den Geburtstag unter Datenschutz fällt. Niemand konnte deshalb gezwungen werden, Dritten gegenüber seinen Endtag preiszugeben.

Die einzige Ausnahme war, wenn ein Dritter, also etwa ein Dienstgeber, ein berechtigtes Interesse an der Bekanntgabe des Endtages hatte. Über diese Regelung wurde lang verhandelt.

Der Dienstgeber wollte schließlich Bescheid wissen, ob eine Beförderung noch Sinn mache. Man wollte den Mitarbeiter nicht für eine neue schwierige Aufgabe ausbilden, wenn dieser dann nur mehr drei Monate tätig sein konnte. Natürlich wurde das nicht so offen ausgesprochen. Jeder konnte sich aber seine Gedanken selber machen. Schließlich setzte sich die Wirtschaft durch.

Die Gewerkschaften teilten aber mit, dass sie dies weiterhin als Diskriminierung betrachten würden. Man werde jetzt, so hieß es in einer Presseaussendung des Gewerkschaftsbundes, einmal abwarten, wie die derzeitige Regelung in der Praxis laufen würde, und dann über weitere Maßnahmen beraten.

41. Das Grübeln im letzten Jahr

Von Voltaire (1694–1778), dem berühmten französischen Philosophen, Kritiker und Spötter, erzählt man sich, dass er ein schreckliches Ende hatte. Seine Krankenschwester soll gesagt haben: „Für alles Geld Europas möchte ich keinen Ungläubigen mehr sterben sehen. Er schrie die ganze Nacht um Vergebung."

An diesen Bericht dachte Norman immer wieder, als bei ihm das letzte Jahr vor dem Endtag begann. Er war vor Jahren aus der römisch-katholischen Kirche ausgetreten und Atheist geworden. Bei vielen Gelegenheiten empfand er auch, dass seine Entscheidung richtig war.

Vor wenigen Tagen war er nun 78 Jahre alt geworden. Seinen Endtag sollte er kurz nach seinem 79. Geburtstag haben. Die letzten Jahre war er immer öfter ins Grübeln gekommen:

War seine Entscheidung wirklich richtig gewesen? Waren die ganze Welt und der Mensch wirklich das Ergebnis eines undefinierbaren Urknalls? Und wie kam es zum Urknall? Was war vorher?

Gab es nicht doch eine ordnende Kraft am Beginn? Etwas, das allgemein als Gott bezeichnet wurde? Und wenn es so etwas wie einen Gott gab, was für ein Gott war es dann?

Norman fiel ein Vergleich aus seiner Schulzeit ein: Die Wahrscheinlichkeit, dass unser Leben und das faszinierende Zusammenspiel im menschlichen Körper durch reinen Zufall entstanden sind, ist noch geringer als die Wahrscheinlichkeit, dass bei der Explosion einer Druckerei durch Zufall ein fertig gebundenes dickes Lexikon herausfliegt.

Jede Religionsgemeinschaft hatte sich ein eigenes Bild von Gott erarbeitet. Ja, letztlich hatte jeder Mensch seinen ganz persönlichen individuellen Glauben. An einen Gott oder eben nicht. War mit dem Tode alles aus? Oder gab es in irgendeiner Form eine Existenz danach?

Norman spürte immer stärker, dass er sich unwohl fühlte. Er suchte eine Gemeinschaft, in der er sich geborgen fühlte. Eine Gemeinschaft, in der er seine individuelle, persönliche Einstellung zu dem, was er immer stärker als Gott empfand, leben konnte.

Gleichzeitig wehrte er sich, sich das einzugestehen. Hatte er doch jahrelang auf jene herabgesehen, die sich am Krankenlager oder im Sterbebett „bekehrten". Und jetzt er? Nein, diese Schmach wollte er sich nicht antun!

Und gleichzeitig spürte er auch, dass es mit dieser Entscheidung nicht getan wäre. Die Unsicherheit und der Wunsch nach Geborgenheit ließen ihm keine Ruhe. Obwohl er noch vier Monate Zeit bis zu seinem Endtag hatte, fand er keinen Frieden.

Und dann ging ihm das Bild von Voltaire und seiner Sterbenacht nicht mehr aus dem Kopf. Noch hatte er Zeit. Er hatte sogar den großen Vorteil, dass er genau wusste, wie viel Zeit er noch hatte.

Und irgendwann im dritten Monat vor seinem Endtag gab es eine harmlose Begegnung mit einem alten Bekannten, der gerade von einem jahrelangen Auslandsaufenthalt zurückgekehrt war.

Es war dessen Frage nach seinem Endtag, die ihm plötzlich wieder bewusst machte, dass er in der Tiefe seines Wesens noch immer ein suchender Mensch war. Er kannte von früher die katholische Kirche mit all ihren Schwächen und Mängeln. Aber er erlebte an Freunden, dass ihnen die Geborgenheit in dieser Gemeinschaft viel Sicherheit und Halt gab. Nicht zuletzt auch die Sicherheit, dass mit dem Tode nicht alles zu Ende wäre.

Nach stundenlangen Grübeleien entschloss sich Norman schließlich, der Gemeinschaft der Gläubigen wieder beizutreten und am Pfarrleben teilzunehmen. Er spürte, wie der Druck der letzten Monate und Jahre von ihm abfiel. Er spürte, wie er gelöster und unbeschwerter wurde. Und dass für ihn auch das Sterben am Endtag keinen Schrecken mehr hatte.

Mit Bedauern dachte er an alle jene Menschen, die in früheren Jahrhunderten sterben mussten, ohne ihren Endtag gekannt zu haben. Ihnen fehlte der Zeitdruck, der sie zwang, sich mit allen jenen Fragen, die ihn seit seinem 78. Geburtstag sehr intensiv beschäftigten, auseinandersetzen zu müssen.

Möglich wäre es ihnen natürlich schon gewesen, aber mangels eines festen Stichtages für das Lebensende war die Versuchung eben groß, alle Fragen vor sich herzuschieben. Man hatte ja genügend Zeit. Bis es dann plötzlich zu spät war.

Norman war unendlich dankbar, dass er in einer Zeit lebte, die ihm durch das Wissen um den Todestag genügend Zeit gab, sich mit allen diesen Fragen ausführlich zu beschäftigen und Entscheidungen wohlüberlegt zu treffen.

42. Mitnehmen oder nicht?

Früher gab es in Familien häufig die Frage, ob man den alten und manchmal im Kopf nicht mehr ganz klaren Vater zu Veranstaltungen, zu Ausflügen oder auf Reisen mitnehmen sollte oder nicht. Es war ja oft eine Belastung, mit einem alten Menschen im Schlepptau unterwegs zu sein.

Es gab auch immer wieder Wortmeldungen, dass ein alter, seniler und manchmal verwirrter Mensch vieles nicht oder nicht mehr verstehen würde. Wie sollte er auch einem Film, einem Theaterstück folgen können?

Wie konnte er sich in Gesellschaft wohl fühlen, wenn ihm die Konversation nicht mehr verständlich war, wenn er die Leute nicht mehr wiedererkannte? Man ging wie selbstverständlich davon aus, dass er nichts mehr davon hatte und es wohl besser sei, wenn er allein zu Hause bliebe.

In manchen Familien wurde der alte Mensch auch selbst in die Entscheidung eingebunden. Und überraschenderweise erklärte er sehr oft, gerne mitgehen zu wollen, auch wenn er nicht alles verstehen würde. Es war einfach die Abwechslung im Tagesablauf und das Gefühl, dabei sein zu können. Es war für ihn beglückend, immer noch wichtig zu sein, auch im Alter respektiert zu werden.

Viele hatten Hemmungen, es zuzugeben, aber der alte Vater oder die alte Mutter waren hin und wieder ganz schön mühsam. Chiara sprach es nicht offen aus, aber manchmal ging ihr die Mutter richtig auf die Nerven. Sie wollte ihre Freizeit lieber ohne ihre Mutter genießen.

Chiara wusste nicht, wie lange das noch so gehen würde, vielleicht noch viele Jahre. Ihre Mutter war ja körperlich bei guter Gesundheit. Da war es schon zu verantworten, dass man sich einen Abend, einen Tag oder ein verlängertes Wochenende nicht um sie kümmerte! Es blieb ja immer noch genug Zeit, in der man sich dem alten Menschen widmen konnte.

Es gab auch andere Sichtweisen. Chiaras Freundin Monika wurde von der Angst geplagt, im Zusammenleben mit ihrer alten Mutter etwas zu versäumen. Wer weiß, vielleicht war es das letzte Mal, dass man Weihnachten zusammen feiern, vielleicht der letzte Sommer, in dem man gemeinsam zu den Salzburger Festspielen fahren konnte.

Jeder Ausflug, jeder Film, jedes Konzert wurde wichtig. Überall nahm Monika ihre Mutter mit. Die Mutter genoss dies sehr und freute sich über jedes Event und vor allem über so viel Zuwendung von ihrer Tochter. Die Angst, dass ihre Mutter vielleicht vieles nicht mehr erleben würde, weil sie zu früh starb, bestimmte Monikas Denkweise.

Aber manchmal fühlte sich Monikas Mutter ein wenig überfordert und hätte hin und wieder gerne mehr Ruhe gehabt. Aber das traute sie sich ihrer

Tochter nicht zu sagen. Sie wollte Monika nicht verletzen.

Da niemand wusste, wie viel Lebenszeit dem alten Menschen noch blieb, war der Umgang mit ihm für alle von Unsicherheit geprägt. Auch für den alten Menschen selbst bestand diese Unsicherheit.

Wenn man wüsste, dass der alte Mensch noch Jahre leben würde, würde man mit ihm und er mit allen anderen wohl anders umgehen, als wenn der alte Mensch nur mehr wenige Wochen zu leben hätte. Aber da dies niemand wusste, war das Zusammenleben von Jung und Alt oft verkrampft.

Das wurde mit dem Bekanntwerden des Endtages radikal anders. Es war jetzt klar, welches Weihnachten das letzte sein würde, welche Geburtstage in der Familie noch gemeinsam gefeiert werden konnten. Auch ob die Großeltern bei der Maturafeier des Enkels noch dabei sein konnten oder nicht.

Es war nun auch nicht mehr belastend, den Sonntagsausflug auf die senile Mutter abzustimmen, wusste man doch ganz genau, wann das Ende dieser gemeinsamen Zeit sein würde. Man musste auch keine Angst mehr haben, etwas zu versäumen. Alle wussten exakt auf den Tag, wie viel Zeit noch blieb.

In den meisten Fällen konnte man jetzt auch offen darüber reden und die alten Leute selber fragen, was sie sich in ihrer verbleibenden Lebenszeit noch wünschten. Diese Wünsche konnte man dann auch noch zeitgerecht erfüllen und schob sie nicht auf die lange Bank.

So wurde der Umgang mit den Alten viel entspannter. Die Begrenztheit des Lebens war durch den Endtag konkret und damit ganz real geworden.

Auch wenn die Mutter einen schwierigen Tag hatte, Chiara konnte ihre Verwirrtheit und Sturheit viel lockerer nehmen.

Durch die Tatsache, dass sie jetzt den Endtag ihrer Mutter kannte, konnte sie viel freudiger etwas mit ihr unternehmen, wusste sie doch, wann diese Zeit ein Ende haben würde. Später würde sie glücklich und stolz darauf sein, wie gut sie die letzte Zeit mit ihrer Mutter gestaltet hatte.

Monika hingegen gönnte sich ohne schlechtes Gewissen ein Wochenende allein mit ihrem Mann und sorgte für eine Betreuung der Mutter.

Sie wusste ja jetzt, dass es noch viele andere Wochenenden geben würde, die sie ganz auf ihre Mutter abstimmen konnte. Die liefen dann auch lockerer ab. Durch den uneingeschränkten Genuss der Wochenenden zu zweit war Monika viel entspannter geworden.

Auch die alten Menschen selbst schienen weniger zu nerven. Sie konnten ihre restliche Lebenszeit genauer planen, wussten, was noch möglich war und was nicht. Auch wenn sie nicht mehr alles tun konnten, was sie sich in ihrem Leben noch gewünscht hätten, fanden sie sich damit ab. Damit konnten sie dem restlichen Leben wesentlich gelassener entgegensehen und das, was noch blieb, viel besser genießen.

43. Der Rückgang bei Selbstmorden

Was niemand erwartet hatte, traf ein: Die Selbstmorde gingen bei jenen, die ihren Endtag schon kannten, schlagartig zurück. Psychologen hatten eher das Gegenteil befürchtet.

Denn früher war es so, dass Menschen, die wussten, dass sie Krebs, Leukämie oder ähnliche tödliche Krankheiten hatten, manchmal in den Selbstmord flüchteten, um sich ein langes Leiden zu ersparen.

Aber offensichtlich hatte das Wissen, dass das Leben beispielsweise in zwei Jahren am 23. Juni sicher zu Ende sein würde, eine so stabilisierende Wirkung auf die Selbstmordkandidaten, dass sie sich sagten, diese Zeit stehe ich auch noch durch.

Die meisten bisherigen Selbstmorde gingen ja auf das Gefühl einer großen Hoffnungslosigkeit und Aussichtslosigkeit zurück. Und ein großer Teil dieser Gefühle wurde jetzt offensichtlich durch den fixen Endtag entschärft.

44. Die Frage nach dem Sinn des Lebens

Helmut gehörte schon zu der Generation, für die es völlig selbstverständlich war, den eigenen Endtag zu wissen. Er hatte zwar einige Zeit gebraucht, um sich daran zu gewöhnen, dass er nur ein kurzes Leben vor sich hatte: Sein Endtag lag gleich nach seinem 32. Geburtstag. Er war in seinem engsten Freundeskreis der Einzige, der eine so kurze Lebenskapazität hatte. Aber für ihn selbst war es kein Problem mehr, er hatte sich darauf eingestellt.

Es war für ihn interessant zu beobachten, wie andere Menschen mit ihrer kurzen Lebenskapazität umgingen. Die einen freuten sich über jeden Tag, den sie noch leben konnten. Die anderen beklagten täglich jeden Tag, der ihnen genommen wurde.

Die Gedanken und Überlegungen nach dem Sinn seines Lebens beschäftigten ihn deshalb schon viel früher als seine Altersgenossen. Und was würde nach seinem Tode sein?

Er spürte, wie es ihm von Tag zu Tag wichtiger wurde, nicht nur über den Sinn des Lebens im Allgemeinen, sondern über den ganz konkreten Sinn seines eigenen Lebens nachzudenken. Am Tage vor seinem Tode würde er zurückblicken und sich die Frage stellen: „Bin ich wirklich Mensch gewesen, bin ich ganz ich selbst gewesen?“ Was würde dann seine Antwort sein?

Was war also für ihn der konkrete Sinn seines Lebens? Wenn er solche Fragen mit seinen Freunden erörtern wollte, zogen sie sich zurück. Er wusste nicht gleich den genauen Grund. Aber aus einzelnen Bemerkungen bekam er bald die Überzeugung, sie zogen sich zurück, weil sie mit seinen Gedanken nichts zu tun haben wollten. Mit den Gedanken im Zusammenhang mit seinem nahenden Endtag. Als ob ein früher Tod ansteckend wäre.

Vielleicht war das Nichts-zu-tun-haben-Wollen auch ein Noch-nichts-zu-tun-haben-Wollen. Offensichtlich wollten oder konnten sie nicht zu nahe bei jemandem mit so einem frühen Todestag sein.

Das erinnerte ihn an den Bericht über die todkranke Birgit Hamann, Anfang 60, die mit ihrem Leberkrebs nur noch wenige Monate zu leben hatte. Er hatte diesen Bericht unter alten Papieren gefunden und aufgehoben. In der Zeitschrift GEO Wissen (2005, Nr. 36, S. 110) stand: Was ist ihr nun wichtig? Vor allem der Kontakt zu vertrauten Menschen.

„Ich mute mich meinen Freunden zu“, sagt Birgit Hamann. Eine Freundin habe ihr neulich gesagt, dass sie von ihrem Mut lernen würde. Birgit gehe den Weg voran, den alle noch vor sich hätten. Da habe Birgit gespürt, dass sie noch dazugehöre und nicht wie durch eine unsichtbare Mauer von den Menschen getrennt sei. Birgit: „Wir alle haben eine Lebensgrenze. Meine ist nur deutlicher.“

Helmut hatte beobachtet, dass das Wissen um den eigenen Todestag bei manchen Menschen dazu führte, dass sie sich ausklinkten. Dass sie einen Teil ihrer Lebenskraft verloren und nur mehr so dahinlebten. Auch deren Freunde gingen deshalb langsam auf Abstand. Genau das wollte er verhindern. Bei den meisten seiner Freunde gelang es aber nicht.

Einzig Pia, die er jetzt schon seit drei Jahren kannte, interessierte sich weiter für ihn, obwohl sie eine Lebenskapazität von 80 Jahren hatte. Sie war jetzt 25 Jahre alt und ungebunden. Er konnte mit ihr so leicht sprechen und sie brachte so viele neue Aspekte in sein Leben hinein, dass er sich jedes Mal riesig freute, wenn sie sich trafen.

Sie wies ihn auf die Aussage des niederländischen Humanisten und Theologen Erasmus von Rotterdam (1466–1536) hin: „Am Ende stellt sich die Frage: Was hast du aus deinem Leben gemacht? Was du dann wünschst getan zu haben, das tue jetzt!" Ein für ihn ganz wichtiger Denkanstoß.

Es war nicht leicht für ihn, herauszufinden, was er aus seinem Leben machen wollte, also den Sinn seines Lebens zu erarbeiten. Vor allem wollte er keine Kinder. Er wollte sie nicht als Halbwaisen aufwachsen lassen.

Mit Kindern wäre ihm der Sinn seines Lebens klar gewesen, nämlich durch die Kinder mitzuwirken an der Erhaltung der Menschheit, die Kinder zu erziehen und für sie zu sorgen, bis sie auf eigenen Beinen stehen konnten. Vor allem würde er ihnen eine gute Ausbildung zukommen lassen.

Wenn Erziehung und Ausbildung abgeschlossen wären, dann würde er seine Aufgabe, seinen Sinn im Leben, darin sehen, soweit nötig für die Mutter seiner Kinder zu sorgen. Es sollten ihr, da sie durch die Kindererziehung ja nicht so am Berufsleben teilnehmen konnte wie er, daraus keine Nachteile im Alter erwachsen.

Aber er hatte weder Kinder noch eine Ehefrau. Da war der Sinn seines Lebens schon schwieriger zu erarbeiten.

Vor allem wollte er sich nicht hinter Standardformeln verstecken. Und da half ihm Pia sehr. Durch viele Gespräche wurde ihm bewusst, dass sein Leben eigentlich nur den Sinn haben konnte, sich dafür einzusetzen, dass es den Menschen besser ginge, dass sie glücklicher würden. Das galt natürlich auch für ihn selbst. Die nächsten Monate würde er sich ganz konkret mit der Frage befassen, welche Möglichkeiten er hätte, diesen Sinn seines Lebens zu erfüllen.

Er war so dankbar, dass Pia ihn mit vielen Gesprächen auf diesem Weg begleitete. Er spürte dabei auch zunehmend, wie sehr er sie mochte. Beim letzten Zusammentreffen erlebte er, wie sie ihn mit einem ganz besonderen, tiefen Blick ansah. Es dauerte nur wenige Sekunden, bis sich ihre Lippen zu einem ersten zarten Kuss trafen. Diese Nacht blieb er bei ihr.

Und so war es dann bei jedem Gespräch. Ihre Zärtlichkeiten wurden immer intensiver und intimer. Sie hatten jede Scheu vor ganz persönlichen Gesprächen und intimsten Begegnungen verloren.

Er empfand die Einheit von Geist und Körper in wunderbarem Maße. Und er spürte voll Dankbarkeit, dass sich die echte Liebe auch auf eine kurze Lebenszeit, auf einen nahen Endtag, einließ. Obwohl er schon einige Beziehungen gehabt hatte, hatte er sich noch nie so geborgen und glücklich gefühlt.

Und er spürte das Gleiche bei Pia. „Mein Körper ist ein wunderbares Geschenk, um dir zu zeigen, wie gern ich dich habe", erklärte sie ihm einmal, als sie beide spürten, wie harmonisch sie zusammenpassten …

Er war ihr besonders dankbar, weil sie seine Nähe so intensiv suchte. Es hatte ihn so verletzt, als er spürte, wie sich die meisten seiner Freundinnen und Freunde mehr und mehr zurückzogen.

Nur Pia war ganz nahe bei ihm. Er freute sich auf diese letzten Monate in ihren Armen und auf die Gespräche mit ihr. Auf der Suche nach dem Sinn des Lebens kamen sie auch darauf zu sprechen, was die Religion dazu vermittelt.

Beim Christentum etwa die Nächstenliebe und was konkret Nächstenliebe bedeute. „Nächstenliebe bedeutet für mich, dass ich den anderen leben lasse, wie er will, nicht wie ich will", erklärte ihm Pia. So hatte es Helmut noch nie gesehen.

Für ihn ein völlig neuer Aspekt der Nächstenliebe. Aber er spürte, dass darin auch ein Teil der Anziehungskraft von Pia lag. Er hatte nie das Gefühl gehabt, von ihr dirigiert oder gelenkt worden zu sein. In ihrer Gegenwart konnte er so sein, wie er war.

Mit einem sehr guten und beschwingten Gefühl

bemühte er sich weiter, an der Suche nach dem konkreten Sinn seines Lebens zu arbeiten. Er spürte, wie schwierig es war, dies zu formulieren. Aber nach jedem Gespräch mit Pia spürte er, dass er in seiner Sinnsuche wieder etwas weiter gekommen war.

Als sich dann sein letzter Tag näherte, fragte er Pia vorsichtig, ob sie sich an diesem Tag neben ihn legen würde. Er würde gerne in ihren Armen sterben.

Sie sah ihn lange an und meinte, dass sie dies mit einer besonderen Freude tun würde. Sie würde gerne mit ihm in so tiefer Verbundenheit seine letzten Stunden verbringen und teilen. Sie konnte ihm keinen größeren Dienst erweisen, als ihm auch in diesen letzten Stunden ihre Anwesenheit zu schenken.

Er war so glücklich wie selten in seinem Leben. Er wusste, in ihren Armen würde er mit Freude sein Leben beschließen können.

Und in der Freude, die er geben konnte und die er empfangen durfte, fand er in diesen Tagen dann auch einen sehr wichtigen Sinn seines Lebens. Und das erfüllte ihn mit Dankbarkeit.

45. Die Privilegien bei kurzer Lebenskapazität

So wie es früher Seniorenermäßigungen und die bevorzugte Bearbeitung von Anträgen alter Menschen gab, so gibt es heute für Menschen mit einer Lebenskapazität von weniger als 365 Tagen verschiedene Privilegien. Dies völlig unabhängig vom Alter.

Man wollte aus sozialen Überlegungen den Menschen in ihrem letzten Lebensabschnitt entgegenkommen.

So haben die unter 67-Jährigen das Recht, in den letzten drei Monaten ihres Lebens in Krankenstand zu gehen. Trotzdem bekommen sie ihre Bezüge voll weiterbezahlt wie bisher.

Finanziert wird dies zur Hälfte aus der Solidaritätskasse, zur Hälfte vom Dienstgeber. Von diesem Recht machten die Gesunden allerdings meist erst in den letzten ein bis zwei Monaten Gebrauch.

Auch bei Anträgen an die Behörden, wie für die Ausstellung eines Reisepasses, werden die Anträge dieser Menschen bevorzugt behandelt.

Darüber hinaus gibt es Ermäßigungen bei fast allen Veranstaltungen, manchmal auch freien Eintritt bei Theater, Konzerten und Kino. Voraussetzung ist jedoch immer, dass man nachweisen kann, im letzten Jahr seines Lebens zu sein.

Dies war am einfachsten mit der Geburtsurkunde in Verbindung mit einem Ausweis. Aber nicht alle Berechtigten machten von diesen Privilegien Gebrauch. Viele wollten lieber den vollen Preis zahlen, statt öffentlich zu deklarieren, dass sie nur mehr ein kurzes Leben vor sich hatten.

46. Die Verbissenheit weicht der Gelassenheit

Raimund führte seit über 15 Jahren zahlreiche Prozesse gegen seine Nachbarn. Sei es wegen eines um sieben Zentimeter falsch gesetzten Grenzsteines oder weil die Gäste eines anderen Nachbarn beim Umkehren regelmäßig über ein Stück seines Grundes fuhren, oder weil wieder ein anderer Nachbar manchmal 25 Zentimeter seines Grundes befuhr.

Bei wieder einem anderen Nachbarn fühlte er sich fallweise durch den Gestank aus dem Hühnerstall belästigt. Und bei einem weiteren Nachbarn waren die Bäume so gepflanzt, dass sie Schatten auf sein Grundstück warfen.

Es war die alte Erfahrung: Wer will, kann mit fast jedem streiten und prozessieren.

Raimund war 42 Jahre alt, als er nachträglich seinen Endtag feststellen lassen musste. Als er erfuhr, dass er nur mehr fünf Jahre Lebenszeit vor sich hatte, wurde ihm plötzlich bewusst, wie begrenzt seine Zeit war.

Und gleichzeitig spürte er, wie dumm es war, diese Prozesse zu führen, die neben Geld nur Ärger und Zeit kosteten. Und je mehr er darüber nachdachte, desto blödsinniger kam ihm die ganze Prozessiererei vor.

Insgesamt hatte er 21 Prozesse laufen. Dazu kam noch, dass er durch seine Streitereien nicht nur mit seinen direkten Nachbarn, sondern fast mit dem ganzen Dorf entzweit war. Er hatte den Ruf eines Streithansels, dem man lieber aus dem Weg ging, um keine Schwierigkeiten zu bekommen.

Und darunter litten nicht nur Raimund, sondern auch seine Frau und seine fünf Kinder. Zwei Monate, nachdem Raimund von seinem Endtag erfahren hatte, hatte er sich entschieden.

Er gab seinen Rechtsanwälten – und er beschäftigte fünf Anwälte – den Auftrag, alle Prozesse durch Vergleiche zu beenden. Wenn es Probleme gab, sollten sie großzügig sein.

So kam es in allen Fällen nach weiteren drei Monaten endgültig zu einer Lösung. Raimund spürte, dass eine Last von ihm wich. Wie groß die Belastung durch diese Streitereien für ihn war, merkte er erst, als sie wegfiel.

Jetzt wunderte er sich nur, weshalb er nicht schon viel früher alle Streitereien beendet hatte. Warum er überhaupt mit der Prozessiererei begonnen hatte. Fast alle anderen Dorfbewohner kamen ja auch ohne Prozesse durchs Leben.

Seine Frau Silvia freute sich über die Beendigung der Verfahren. Sie wollte ihrem Mann eigentlich nichts dazu sagen. Aber dann konnte sie es doch nicht bei sich behalten und erinnerte ihren Raimund daran, dass ihm alle seine Anwälte abgeraten hatten, wegen solcher Bagatellen zu prozessieren.

Die Anwälte hatten ihm empfohlen, sich mit dem jeweiligen Nachbarn auf ein Glas Wein zusammenzusetzen und eine einvernehmliche Lösung zu finden. Raimund war solchen Empfehlungen aber überhaupt nicht zugänglich gewesen. Wusste er doch, dass er im Recht war. Und das musste er seinen Nachbarn jetzt auch zeigen!

Immer wenn sich ein Anwalt dann schließlich geweigert hatte, für ihn den neuen Prozess zu führen, bestand er in seiner Sturheit darauf und nahm sich einfach einen zweiten, anderen Anwalt für diesen weiteren Prozess.

Auch der dritte, vierte und fünfte Anwalt kam nur deshalb zum Zuge, weil sich die anderen geweigert hatten, die neuen Verfahren zu beginnen. Dadurch war er schließlich auf fünf Anwälte gekommen, die für ihn tätig waren.

Raimund war über den Hinweis seiner Frau überrascht. Hatte er die Weigerung einzelner Anwälte, einen Prozess zu führen, doch schlicht aus seiner Erinnerung verdrängt. Er erkannte jetzt, dass es im Wesentlichen nur seine Sturheit war, die ihn in diese Konflikte geradezu hineingetrieben hatte. Umso glücklicher war er jetzt, den Rest seines Lebens mit sinnvolleren Sachen gestalten zu können.

Ganz abgesehen von der großen Erleichterung für seine Frau und seine Kinder. Sie konnten mit den Nachbarn und den übrigen Dorfbewohnern nun wieder einen normalen freundschaftlichen Umgang pflegen.

47. Die europäische Gesetzgebung

Bald nachdem in Österreich die Pflicht zur Eintragung des Endtages in die Geburtsurkunde umgesetzt worden war, begann in der Brüsseler Bürokratie die Diskussion nach dem bekannten Motto: „Dürfen sie denn das, die Österreicher?“

Die europäischen Politiker, die sich für die Stärkung der Autonomie der einzelnen Staaten einsetzten, konnten verhindern, dass Brüssel der österreichischen Regierung sofort Hindernisse in den Weg legte. Man wollte abwarten und beobachten, wie sich das System der Ermittlung des Endtages und der Pflicht-Eintragung in die Geburtsurkunde entwickeln würde.

Als es schließlich in Österreich auch den Erwachsenen empfohlen wurde, ihren Endtag nachträglich zu ermitteln und in der Geburtsurkunde anmerken zu lassen, entschied man sich in Brüssel, nachzuziehen: Das österreichische System sollte in der gesamten Europäischen Union eingeführt werden.

Von den Staaten außerhalb der Europäischen Union wurde dies alles noch mit großem Argwohn beobachtet.

48. Halten wir es aus, wenn sie dabei ist?

Martina war ein Mensch, der in besonderer Weise sozial integriert und engagiert war. Sie schätzte ihre Freunde und Freundinnen und diese schätzten sie. Vor allem deshalb, weil sie alle in vielen Situationen erfahren hatten, dass man sich aufeinander unbedingt verlassen konnte. In ihrer Familie war Martina der ruhende Mittelpunkt.

Martina wusste, dass ihr Endtag in einem halben Jahr sein sollte. Sie war erst 48 Jahre alt und fühlte sich völlig gesund. Sie wunderte sich immer mehr, wie das in einem halben Jahr sein würde. Sie konnte sich einfach nicht vorstellen, dass sie in einem halben Jahr sterben würde. Es war so unwirklich.

Andrerseits wusste Martina, dass auch ihre Genanalyse, wie üblich, doppelt geprüft worden war. Und dass das Datum ihres Endtages, nämlich der kommende 19. März, sicher auch für sie endgültig und verlässlich war.

Aber plötzlich war es so weit: Anfang Februar spürte sie immer stärker werdende Schmerzen irgendwo in der Gegend des Magens. Der Arzt informierte sie, dass dringender Verdacht auf eine schwere Entzündung eines inneren Organes bestand.

Er riet ihr zu einer sofortigen genauen Untersuchung in der Klinik. Der Arzt deutete an, dass er hoffe, dass es nur eine Entzündung und nicht etwas viel Ernsteres sei. Es wurde vom Arzt nicht formuliert, aber als Martina ihm die Frage stellte, ob er an Krebs denke, nickte der Arzt.

Die Diagnose auf der Klinik war dann eindeutig: aggressiver Krebs im fortgeschrittenen Stadium. Man wunderte sich, dass sie nicht schon viel früher stärkere Schmerzen hatte. Man behielt sie gleich da. Vielleicht konnte man sie mit einer sofortigen Operation noch retten.

Und Martina musste sich eingestehen, dass sie schon seit einiger Zeit fallweise starke Schmerzen hatte, diese aber nicht wahrhaben wollte, weil sie eben ein Mensch war, der völlig gesund war und vor allem gesund sein wollte. Deshalb wurden auch die ersten Schmerzen verdrängt.

Die Information in der Klinik war alles andere als erfreulich. Eine Operation war nicht mehr möglich. Jetzt ging es nur mehr darum, die letzten eineinhalb Monate zu gestalten. Martina wollte nach Hause. Schmerzstillende Mittel konnte sie auch zu Hause nehmen.

Sie brauchte einige Tage, bis sie sich in die neue Situation fügte und auch im Innersten akzeptierte, dass ihr Leben in wenigen Wochen wirklich zu Ende gehen würde. Auch für ihre Familie war es ein Schock. Jetzt war der Tod real da. Jetzt musste man mit ihm leben.

Sicher, man kannte den Endtag. Aber die Dynamik, das Engagement und die unerschütterlich scheinende Gesundheit von Martina ließen die Gedanken an den nahen Endtag so weit weg liegen, dass man sich nicht ernsthaft damit befasste. Ähnlich erging es ihren Freunden.

Natürlich kannten alle den Endtag von Martina. War doch ihr Endtag der nächste Endtag im Freundeskreis. Aber zwischen dem Wissen und dem Wahrhaben-Wollen liegt ein großer Unterschied. Und wahrhaben wollte es bisher niemand, weder sie noch ihre Familie, noch ihr Freundeskreis. Aber jetzt führte kein Weg mehr daran vorbei. Man musste sich der neuen Situation stellen, man musste sich im Detail damit befassen.

Der Krebs forderte nun immer intensiver seinen Tribut. Martina konnte kaum mehr essen, ohne bald darauf zu erbrechen. Sie magerte immer mehr ab. Immer mehr Schmerzmittel mussten eingenommen werden. Es wurde für alle immer trostloser. Aber es war auch das Ende, eben der 19. März, abzusehen.

Martina pendelte jetzt zwischen der Klinik und zu Hause mit dem Krankenwagen hin und her. Manche medizinischen Erleichterungen konnten nur in der Klinik durchgeführt werden. Aber wohl fühlte sich Martina nur zu Hause.

Die letzten Tage vor dem Endtag ging es Martina ganz besonders schlecht. Sie war deshalb auch einverstanden, auf der Klinik zu bleiben. Mit Hilfe der Ärzte konnte man jetzt auch bei akuten Schmerzanfällen viel besser schmerzstillende Mittel verabreichen. Das geschulte Personal und die Ärzte konnten einfach mehr bewirken als die liebevolle Pflege zu Hause.

Von der plötzlichen Änderung des Gesundheitszustandes von Martina waren auch alle im Freundeskreis betroffen. Jetzt war die Freundschaft in besonderem Maße gefordert. Und gleichzeitig spürte man die eigene Hilflosigkeit. Vor allem, da Martina immer häufiger keine Besuche mehr wollte.

Sie wollte offensichtlich mit sich allein sein. Und das war natürlich auch zu respektieren. Aber die Freunde waren von ihrer Hilflosigkeit in dieser Situation in besonderer Weise betroffen. Man wollte helfen, konnte aber nichts, gar nichts tun. Sicher, man hielt Kontakt zu Martinas Mann, tröstete, soweit dies ging, die Familie, aber an Martina kam man kaum mehr heran.

Martina war ein gläubiger Mensch. Auch ihre Freunde waren überwiegend gläubige Menschen. So kam die Idee auf, in der Klinikkapelle eine kleine Andacht zu organisieren. Man wollte einfach einen Raum und eine Gelegenheit, wo man in Gemeinschaft an sie denken konnte. Und für sie beten konnte. Und auch um eine gute Todesstunde für sie beten und bitten konnte.

Alle waren erleichtert, etwas gefunden zu haben. Ihre Familie, ihre Freunde waren da. Der Ablauf und die Liedtexte waren vorbereitet. Bis plötzlich die Frage auftauchte, weshalb man eigentlich diese Andacht nicht in Gegenwart von Martina abhalten sollte. Warum man sie nicht, wenn irgendwie möglich, zu dieser Andacht mit ihrem Bett im Aufzug herauffahren sollte. Es war doch eine Andacht für sie!

Alle waren perplex. Daran hatte man wirklich nicht

gedacht. Sie war doch so schwach. Und sie wollte doch keine Besuche. Und wollte doch niemanden sehen. Und musste doch immer wieder erbrechen. Und überhaupt. Man konnte das Unwohlsein der Anwesenden direkt greifen. Andererseits ging es ja doch um sie. Sie war doch die Hauptperson.

Massive Widerstände regten sich. Das könne man ihr nicht antun, sie sei so schwach, sie wolle das sicher nicht. Viele Argumente gegen ihre Teilnahme wurden geäußert. Wobei es nicht ganz klar war, was die Befürchtungen derer waren, die sich gegen eine Teilnahme von Martina aussprachen.

War es nur die Sorge um sie, oder wollte man sich einfach ersparen, die Freundin jetzt so sehen zu müssen in ihrem Leid, mit ihren Schläuchen, in ihrer Hilflosigkeit, in ihren Schwierigkeiten zu reden? Nicht alle Menschen können jemandem vom Tode Gezeichneten unbefangen begegnen, nicht alle können unbefangen mit ihm reden.

Da war es sicher einfacher, ohne Martina um eine gute Todesstunde für sie zu beten. Einer der Freunde formulierte es ganz direkt: Ich möchte sie doch so in Erinnerung behalten, wie sie früher war. Auch das war verständlich. Aber es wurde damit auch allen klar, dass es wohl vor allem die eigenen Gefühle gewesen sein dürften, die hinter den Argumenten gegen Martinas Teilnahme standen.

Hilflosigkeit machte sich breit. Aber da die Debatte über ihre Teilnahme nun einmal begonnen hatte, konnte sie nicht mehr ungeschehen gemacht werden.

Wenn man sich entscheiden würde, die Andacht ohne sie zu machen, würde die ganze Feier von der Frage dominiert werden, ob es nicht doch besser gewesen wäre, Martina trotz aller Schwierigkeiten heraufzuholen.

Den Arzt zu fragen, hätte keinen Sinn. Die Bedenken des Arztes wären im Hinblick auf den nahen Tod ohne Gewicht. Schließlich entschied man, dass jemand mit Martina reden sollte. Martina wusste ja, dass jetzt diese Andacht für sie stattfinden würde. So geschah es dann auch. Eine der Freundinnen fragte sie, ob sie auch kommen wolle.

Und zur Überraschung vieler gab Martina sofort zu verstehen, dass sie sehr gerne dabei sein würde. Auch wenn sie kaum sprechen konnte und sich jämmerlich fühlte. Aber im Kreis ihrer Freunde bei dieser Andacht dabei sein zu können, das war ihr wichtig. Und so sein zu können, wie sie gerade war.

Nach kurzer Zeit wurde Martina dann von zwei Helfern hereingeschoben. Und die Andacht bekam damit ein ganz anderes Gewicht. Es wurde nicht mehr eine Andacht, in der man für sie betete, sondern eine Andacht mit ihr. Es war nicht eine Andacht, wie man sie für gerade Verstorbene häufig organisierte, sondern eine Andacht mit ihr als Lebenden.

Und auch die Fürbitte um eine gute Todesstunde für sie, in ihrer Anwesenheit gesprochen, bekam eine ganz eigene, ungemein verbindende Bedeutung. Jeder spürte es. Der Tod wurde ganz real angesprochen. Mit Martina. Dadurch, dass Martina als Betroffene anwesend war, wurde diese Andacht in besonderer Weise ein gemeinsames Erlebnis nicht nur für ihre Freunde, sondern auch für sie mit ihren Freunden.

Und man sah im Gesicht von Martina, wie sie sich freute, diese letzte gemeinsame Andacht als Feier für sie selbst erleben zu dürfen, im Kreise ihrer Freunde.

Wenige Tage später starb Martina. Und beim Begräbnis waren alle froh, sie dieses letzte Mal noch lebend in ihrer Mitte gehabt zu haben, sie so erlebt zu haben, wie sie zuletzt war. Jetzt waren alle, auch die ursprünglich sehr skeptisch eingestellten Freunde glücklich, dass man sich entschieden hatte, diese letzte Andacht als gemeinsame Feier mit ihr zu gestalten.

49. Kinder schreiben über ihre restliche Lebenszeit

Es dauerte nur wenige Jahre, bis die ersten Bücher von Kindern erschienen, die über ihre restliche, nur noch kurze Lebenszeit berichteten.

Es waren teilweise ergreifende Schilderungen. Sie unterschieden sich erheblich von den Berichten Erwachsener. Vor allem, weil sie in der Regel von einem starken Optimismus geprägt waren.

So der 8-jährige Konstantin in seinem Buch „Noch drei Jahre – ich freue mich darauf".

Und es war berührend zu lesen, wie treffend er in seiner kindlichen Sprache schilderte, welche Freude er hatte, noch drei Jahre Leben vor sich zu haben, und wie er sich ein genaues Programm für die Spiele und Begegnungen mit seinen Freunden zurechtlegte.

Es war beeindruckend, wie bewusst sich Konstantin auf das Positive in seinem Leben konzentrierte. Und wie er sich uneingeschränkt darüber freute, dass er noch volle drei Jahre leben durfte.

50. Wem erzähle ich von meinem Endtag?

Theodor gehörte noch zu der Generation, deren Endtag erst nachträglich festgestellt wurde, und er war unsicher, wie er mit dieser Information über seinen Todestag umgehen sollte.

Noch unsicherer war er allerdings im Umgang mit anderen Menschen, wenn es um deren Endtag ging. Wie sollte er reagieren, wenn ihm jemand mitteilte, dass er in einem Monat sterben würde? Einfach darüber hinweggehen? Ihn bemitleiden? Mit ihm ein Gespräch über die letzten Tage führen? Ihm in Zukunft aus dem Weg gehen? Theodor spürte große Unsicherheit.

Die Anregung des österreichischen Schriftstellers Franz Werfel (1890–1945) war für ihn eine kleine Hilfe: „Man soll gegen jeden Menschen so handeln, wie man wünschte, gestern gehandelt zu haben, wenn heute die Nachricht von seinem Tode käme.“ Leicht gesagt, aber schwer getan.

Gerade gestern hatte er mit einem bekannten Ehepaar telefoniert. Er wollte beide für Freitag in drei Wochen zum Essen einladen. Seine Frau Ulrike war eine ausgezeichnete Köchin.

Die Einladungen von Theodor und Ulrike waren immer ein kulinarischer Hochgenuss. Und dazu gab es meist auch lockere und interessante Gespräche. Für alle, für die Gäste und die Gastgeber, immer ein besonderer Abend.

Theodor hatte Viktoria, Wolfgangs Frau, telefonisch erreicht. „Wir freuen uns sehr über eure Einladung", bedankte sich Viktoria, „aber ich kann, wenn überhaupt, nur allein kommen. Wolfgang hat in zehn Tagen seinen Endtag."

Theodor war im Augenblick schlicht überfordert. „Ja, dann melden wir uns noch einmal", brachte er stotternd heraus, „und alles Gute für Wolfgang." Damit beendete er das Gespräch. Was jetzt?

Er besprach die Situation mit Ulrike. Sollten sie die Einladung verschieben, also schon für diesen Freitag einladen? Das wäre in fünf Tagen. Oder die Einladung für Viktoria allein aufrechterhalten?

Oder in zehn Tagen Blumen schicken? Oder schon in drei Tagen, damit Wolfgang noch einige Tage etwas von den Blumen hätte? Würden die Blumen gut aufgenommen werden oder würde dies von Viktoria und Wolfgang als makaber empfunden werden?

Sie spürten ihre ganze Hilflosigkeit. Es hatten sich auch noch keine gesellschaftlichen Rituale für solche Situationen entwickelt.

Sie entschieden sich dann, die Einladung auf den kommenden Freitag vorzuziehen. Viktoria und Wolfgang sagten zu. Für die zwei war es kein Problem. War doch Wolfgang trotz des nahen Endtages völlig gesund. Niemand hätte ihm angesehen, dass er in wenigen Tagen sterben würde.

Es wurde ein sehr feiner und spannender Abend zu sechst. Theodor und Ulrike hatten noch ein weiteres befreundetes Paar, Xaver und Zita, eingeladen. Zita war die Jüngste am Tisch.

Als die Rede auf den nahen Endtag von Wolfgang kam, war es Zita, die sich mit ihm in völliger Unbefangenheit unterhielt: Was er denn für die noch verbleibenden fünf Tage geplant hätte, ob ihn das Wissen um seinen nahen Endtag belaste, was für ihn die wichtigsten Erfahrungen aus der Zeit seien, seit sich sein Leben dem Ende greifbar näherte, ob es schwierig sei, so nahe mit dem Tod konfrontiert zu sein. Alles wollte sie von ihm wissen.

Für die anderen am Tisch war es erstaunlich, wie erleichtert und offen Wolfgang erzählte: „Es ist nun einmal eine Tatsache, dass mein Leben endlich ist. Deshalb ist die Angst vor dem Tod auch sinnlos. Es ist schade, dass der Tod in unserer Gesellschaft so oft noch verdrängt wird. Niemand kann Mauern gegen den Tod errichten. Aber ich versuche, meinem Leben bis zuletzt Qualität zu geben."

Wolfgang hatte Recht: War es doch heute möglich, zum eigenen Tod zu gelangen, ohne jemals den Tod eines anderen miterlebt zu haben. Schon 1988 hatte Gisbert Greshake („Tod – und dann?" Herderbücherei, S. 11) darauf hingewiesen, dass er vor einigen Jahren gelesen habe, dass „heute im Durchschnitt ein Vierzigjähriger soviel unmittelbare Erfahrung mit dem Sterben macht, wie noch vor zwei Generationen ein Vierzehnjähriger".

Und daraus entwickelte sich im Laufe des Abends ein spannendes Gespräch, in dem jeder dann auch über seinen eigenen Endtag berichtete. Ängste und Gelassenheit, Pläne und offene Fragen wurden genauso diskutiert wie Probleme, mit denen sich der Einzelne beschäftigen musste. Es war ein ausgesprochen interessanter Abend. Jeder ging nachdenklich und dankbar nach Hause.

War es doch eher eine Ausnahme, dass über den Endtag und damit zusammenhängende Fragen in Gesellschaft so offen gesprochen wurde.

Ulrike und Theodor setzten sich nach der Verabschiedung der Gäste und nachdem sie wieder alles aufgeräumt hatten, noch wie üblich zum „Nachwässern" auf ein Glas Wein zusammen. Sie spürten, dass ihre Entscheidung, die Einladung vorzuziehen und damit auch Wolfgang noch dabei zu haben, goldrichtig war.

Auch die anderen Gäste zehrten noch lange von den Gesprächen dieses Abends, vor allem vom so offenen Umgang miteinander.

51. Der letzte Brief

Fred grübelte schon seit über einer halben Stunde. Er kam einfach nicht weiter. Ein ganz lieber Freund von ihm, Jerry, lag im Sterben. Noch acht Tage, dann war sein Endtag.

Die letzten Tage waren mühsam gewesen. Für Jerry, für seine Familie und für seine Freunde. Obwohl er ganz klar bei Verstand war und alles mitbekam, was mit ihm gemacht wurde und rund um ihn lief, litt er unter seinem körperlichen Verfall.

Er war nur noch ein Häufchen Elend. Was er aß, konnte er nicht mehr bei sich behalten. Er konntc kaum noch schlucken. Auch das Trinken bereitete ihm unsägliche Probleme: Nur ganz kleine Schlucke und die nur in großem zeitlichem Abstand.

Jerry wollte keine Gespräche, keine Besuche, keine Telefonate mehr. Er wollte einfach mit sich allein sein. Vom Personal in der Klinik wusste man aber, dass er sich über Postkarten und Briefe riesig freute. Offensichtlich wollte er einfach nicht mehr reden müssen und deshalb auch niemanden sehen.

Fred wollte seinem Freund Jerry schreiben. Aber er kam nicht richtig weiter. Er wollte Jerry mitteilen, wie sehr er ihn schätzte, dass er ihn vermissen würde und dass er ganz fest an ihn denke. Und an seinen Endtag in wenigen Tagen.

Durfte er den Tod direkt ansprechen? Konnte er ihm schreiben: „Ich werde Dich vermissen“, oder „ich denke immer an Dein Sterben und Deinen Tod in acht Tagen“, oder „wenn Du gestorben bist, werde ich sehr traurig sein“, oder „ich wünsche Dir, dass Du bis zu Deinem Tode möglichst wenig Schmerzen hast“, oder „ich wünsche Dir eine gute Sterbestunde“ usw.?

Fred spürte, dass es gar keinen Sinn hätte, um den Brei herumzureden und an Jerry zu schreiben, ohne das Wesentliche, nämlich seinen nahen Tod mit einzubeziehen. Gleichzeitig spürte er, wie schwer es ihm fallen würde, den Tod direkt anzusprechen.

So kam er einfach nicht weiter. Erst in einem langen Gespräch mit seiner Frau Wilhelmine wurde beiden schließlich bewusst, dass die einzige vernünftige Lösung darin lag, seine eigene Unsicherheit im Brief direkt anzusprechen. Erleichtert machte sich Fred an die Arbeit.

Nach über einer Stunde zeigte er seiner Frau die erste Fassung seines Briefes. Sie sprachen ihn gemeinsam Zeile für Zeile durch. Sie änderten da und dort eine Formulierung und kamen dann schließlich zum Ergebnis, dass man den Brief an Jerry nun so versenden könnte:

Lieber Jerry,
heute fällt es mir schwer, Dir zu schreiben. Ich bin so unsicher, weil ich nicht weiß, wie ich Dir schreiben soll. Vor allem will ich Dich nicht verletzen. Wir haben früher oft über unsere Endtage gesprochen. Auch dass Dein

Endtag fast 20 Jahre vor meinem liegt. Und wie das dann wohl sein wird, wenn Du im Sterben liegst und ich noch viele Jahre Leben vor mir habe.
Und jetzt ist es so weit. In wenigen Tagen wirst Du uns verlassen, wirst Du sterben. Es fällt schwer, das so klar auszusprechen. Aber ich würde mich schlecht fühlen, Dir einen Brief zu schreiben, ohne auf das, was Dich und mich jetzt vor allem bewegt, einzugehen. Und deshalb möchte ich Dir sagen, dass es mich sehr bedrückt, zu wissen, dass Du in acht Tagen nicht mehr am Leben sein wirst. Ich werde Dich vermissen. Sehr!
Ich kann es mir im Augenblick gar nicht vorstellen, wie es ohne Dich sein wird. Ich weiß nicht, wie das in unserem Freundeskreis sein wird. Auch dort wirst Du eine große Lücke hinterlassen: Deine Fröhlichkeit, Unbekümmertheit, Aufgeschlossenheit, Deine Dynamik, mit der Du uns immer mitgerissen hast, Deine vielen Ideen und Vorschläge, das alles wird uns ungeheuer fehlen.
Ich verstehe, dass Du jetzt keine Besuche mehr willst, dass Du allein sein willst. Aber ich möchte, dass Du weißt, dass ich auch jetzt in diesen letzten Tagen oft gerne bei Dir wäre, wenn auch nur, um Deine Hand zu halten oder in Deine Augen zu schauen oder einfach neben Dir zu sitzen. Aber ich respektiere natürlich, dass es Dir lieber ist, wenn ich eben nicht komme.
Trotzdem möchte ich, dass Du weißt, wie sehr ich Dich schätze, wie gern ich Dich habe, und wie sehr ich Dich vermissen werde. Ich hoffe und wünsche Dir, dass Du in diesen letzten Tage wenig Schmerzen hast. Und dass

diese Tage noch möglichst erträglich und erfüllt für Dich sein mögen.
Ich grüße Dich ganz besonders und leider zum letzten Male, herzlichst,
Dein Fred

Fred las den Brief immer wieder und noch einmal, so als könnte er durch das viele Lesen den Tod tatsächlich normalisieren. Aber mit jedem Lesen wurde er zumindest ein Stück sicherer, dass er den Brief so schreiben kann und dass Jerry sich darüber freuen würde.

Und so war es dann auch. Beim Begräbnis von Jerry wurde ihm von einer Schwester der Klinik berichtet, dass Jerry seinen, Freds, Brief immer und immer wieder gelesen habe und erklärt habe, dass dieser Brief für ihn ganz besonders wertvoll gewesen sei.

52. Die neue private Finanzplanung

Das Wissen um den Endtag hatte auch Auswirkungen auf die private Finanzplanung. Früher bemühte man sich während des ganzen Lebens, etwas für das Alter zurückzulegen. Damit sollte die manchmal spärliche Pension etwas aufgebessert werden.

Jetzt konnte man viel klarer kalkulieren. Jeder wusste, für wie viele Jahre er vorsorgen musste. Rudolf, Jahrgang 1972, hatte gerade für sich und seine Frau Sophie, geboren 1979, die Lebenskapazität mitgeteilt erhalten. Während seine Frau 82 Jahre alt werden würde, würde sein Leben mit 79 Jahren enden.

Seine Frau würde ihn also um zehn Jahre überleben. Mit 67 Jahren würde seine Berufstätigkeit enden und er würde in Pension gehen. Rudolf musste also für die zwölf Jahre, die sie noch gemeinsam verbringen würden, und dann für die weiteren zehn Jahre, die sie als Witwe leben würde, vorsorgen.

Da er für die insgesamt 22 Jahre für jeden Monat eine Aufbesserung der Pension um 500 Euro anstrebte, würde er für 22 Jahre insgesamt 132.000 Euro benötigen. Die Zinsen ließ er bei dieser Kalkulation der Einfachheit halber unberücksichtigt.

132.000 Euro waren ein hoher Betrag. Aber da beide aus einer Erbschaft schon 120.000 Euro auf einem Sparbuch hatten, galt es nur mehr, restliche 12.000 Euro anzusparen. Dafür zahlten sie fünf Jahre lang monatlich eisern 200 Euro auf das Sparbuch ein.

Nach fünf Jahren hatten sie dann tatsächlich den Gesamtbetrag von 132.000 Euro zuzüglich Zinsen zusammen. Sie empfanden eine große Erleichterung. Denn ab jetzt konnten sie das bisher jeden Monat abgesparte Geld ausgeben. Sie wussten ja, für wie viele Jahre sie den Zuschuss für die Pension benötigen würden.

Es war für beide ein beglückendes Gefühl, sich ohne schlechtes Gewissen eine Urlaubsreise und andere Annehmlichkeiten leisten zu können. Rudolf und Sophie entschieden sich auch, dass sie jetzt nicht mehr für das Erbe ihrer drei Kinder sparen wollten. Diese würden je eine kleine Eigentumswohnung von ihnen erben.

Das Geld für die drei Wohnungen hatten die Eltern während der vergangenen Jahrzehnte zusammengespart. Auf jeder Wohnung lastete zwar noch ein kleiner Kredit aus der Restfinanzierung, aber bei Pensionsantritt sollten alle drei abbezahlt sein.

Rudolf und Sophie waren auch der Überzeugung, dass, abgesehen von Notfällen, die Kinder selber ihr Leben bewältigen müssten und nicht von dem Geld leben sollten, das sich die Eltern vom Mund abgespart hatten.

Schmunzelnd dachte Rudolf an ein Schild, das er einmal in einem Reisebüro gesehen hatte: „Wenn Sie es sich leisten können, 1. Klasse zu reisen, und es nicht tun, Ihre Erben tun es bestimmt!“

Sie hatten ihre drei Kinder sehr zur Sparsamkeit erzogen. Rudolf war auch sicher, dass keines seiner Kinder 1. Klasse reisen würde. Aber vom Grundgedanken auf diesem Schild blieb doch etwas hängen. Warum sollten er und Sophie ihr ganzes Leben sparen, nur damit die Kinder mehr Geld zum Ausgeben hätten?

Natürlich war Rudolf und Sophie bewusst, dass sie nie die hundertprozentige Garantie der besseren Altersversorgung haben würden. Sie wussten ja nicht, ob ein schwerer Krankheitsfall, ein Unfall oder der Verlust des Arbeitsplatzes finanzielle Schwierigkeiten mit sich bringen würden.

Aber sie wollten vom normal erwarteten Verlauf ihres Lebens ausgehen. Man konnte nicht alle Eventualitäten mit einbeziehen und vorauseilend lösen oder dafür vorsorgen. Eine solche Einstellung würde das ganze restliche Leben durch die Angst vor der Zukunft prägen. Und dazu hatten sie wirklich keine Lust.

Vor allem nicht, nachdem sie beide seit kurzem ihre Endtage wussten. Auch die Kinder waren froh, dass die Eltern jetzt endlich mit dem Wissen leben würden, im Alter keine Not leiden zu müssen, und dass sie sich viele Vergnügungen gönnen könnten, auf die sie in ihrem bisherigen Leben aus Angst vor der ungewissen Zukunft verzichtet hatten.

53. Über den Endtag reden oder nicht?

Es gab auch schon früher Menschen, die ganz bewusst auf den Tod hin gelebt und den Tod als zweiten Höhepunkt des Lebens gesehen hatten. Für die meisten war das Thema aber unangenehm, wenn nicht sogar tabu. In ihrer Gegenwart durfte man Worte wie Tod, Ende des Lebens, Sterben generell nicht gebrauchen, auch wenn es gar nicht um den Gesprächspartner oder um einen selber ging.

Auch jetzt gab es noch eine allerdings sehr kleine Gruppe von Menschen, die unter keinen Umständen über ihren jetzt konkret bevorstehenden eigenen Tod reden wollten. Sie verweigerten jedes Gespräch darüber, was für alle Nahestehenden, vor allem für die eigene Familie schmerzhaft war. Wichtige Fragen und Probleme für die letzten Wochen und Tage vor dem Endtag und für die Zeit nach dem Tode blieben offen.

Für die Familie war dies eine ungute Belastung, redete und lebte man doch in diesem wichtigen Lebensabschnitt aneinander vorbei.

Noch belastender und schmerzhafter musste es allerdings für den demnächst Sterbenden selbst gewesen sein. Musste er doch allein, nur auf sich selbst gestellt, diese Zeit bewältigen. Ohne die Möglichkeit, durch das Gespräch mit der Familie oder mit Außenstehenden den bevorstehenden Tod zu bearbeiten und zu verarbeiten.

In den anderen Fällen, in denen es zum Gespräch zwischen dem demnächst Sterbenden und seiner Familie kam, war das Ergebnis ganz konträr: Das gemeinsame Verstehen, der Austausch der Freude in diesen noch verbleibenden Tagen und die Besprechung vieler Details, die mit dem Tode zusammenhingen, band die ganze Familie noch enger zusammen.

Für den Betroffenen war es eine große Beruhigung, alles getan und besprochen zu haben. Er hatte neben und hinter sich alles völlig geklärt und geregelt. Er konnte so gelöst dem letzten Tag entgegensehen.

Für die Angehörigen war es erleichternd, trotz des bevorstehenden Verlustes alles zu wissen und zu erfahren. Alles, was für den Betroffenen noch erledigt werden sollte und was für die Zeit nach dem Tode wichtig war.

Die Zahl der „Gesprächsverweigerer“ nahm erfreulicherweise von Jahr zu Jahr ab. Das offene, von Vertrauen und Geborgenheit getragene Gespräch wurde in immer mehr Familien als normal empfunden. Und das wurde als sehr befreiend erlebt.

54. Die entspannten letzten fünf Jahre

Heute war es wieder einmal so weit. Es war der 22. Dezember. Seit 30 Jahren feierte Norbert nicht mehr seinen Geburtstag, sondern die Jahre bis zu seinem Endtag, bis zu seinem Tode.

Knapp über 72 Jahre alt würde er werden. Sein Endtag war der 22. Dezember. In sechs Jahren. Und ob er wollte oder nicht, die Gedanken daran wurden immer intensiver. Jetzt hatte er noch rund ein Jahr Berufstätigkeit vor sich. Und dann fünf Jahre in der Pension.

Diese fünf Jahre wollte er uneingeschränkt genießen. Doch er spürte auch ein leicht bedrückendes Gefühl. Wie sollte er verhindern, dass er das letzte Jahr vor seinem Tode unter Druck kam, alles das erledigen zu wollen oder gar zu müssen, was eben vor dem Tode erledigt werden sollte?

Er wusste nach einigem Überlegen bald, was er in seinem täglichen Leben ab sofort für die verbleibenden sechs Jahre ändern würde. Er würde versuchen,

- viel mehr Zeit mit seiner Frau, seinen Kindern und seinen Enkeln zu verbringen;
- dort, wo er jemandem vielleicht Unrecht getan hat, dies wenn möglich aus der Welt zu schaffen und wiedergutzumachen;
- mit den Leuten, mit denen er in Unfrieden lebt,

Frieden herbeizuführen, und dies ohne Rücksicht darauf, wer im Recht oder im Unrecht ist;

- den Leuten, die er gern hat, öfter direkt zu sagen, wie wichtig sie ihm sind;
- mehr Bücher zu lesen, auch solche, die sich mit existentiellen Grundfragen befassen;
- sich mehr Zeit für sich zu nehmen, um über die letzten Fragen des Lebens, über den Sinn und das Ziel des Lebens nachzudenken;
- bewusster die Augen aufzumachen und die Welt mit Freude zu sehen und zu erleben.

Aber neben diesen Zielen, die täglich zu verwirklichen waren, gab es noch viele ganz konkrete Aufgaben, die getan werden sollten, damit sie erledigt waren.

Die Angst, dass er diese Erledigungen die nächsten fünf Jahre vor sich herschieben würde, belastete ihn. Die Last würde damit immer schwerer werden. Da schoss ihm die Lösung durch den Kopf.

Er würde im kommenden Jahr, also im sechsten Jahr vor seinem Endtag, alles so vorbereiten und erledigen, als ob dies sein letztes Lebensjahr wäre. Dann hätte er noch fünf volle unbelastete, weitgehend sorgenfreie Jahre vor sich.

Norbert begann noch am 22. Dezember spätabends, nach der Feier seines sechsten Endtages, mit der Erstellung einer Liste. Seine Frau Olga, die 92 Jahre alt werden würde, half ihm dabei.

Sie mussten überlegen, was alles in diese Liste aufzunehmen war. Knapp vor Mitternacht war die Liste dann schon viel umfangreicher, als gedacht. Nach weiteren drei Tagen sah die Liste dann, noch nicht systematisch geordnet, so aus:

(1) Testament machen. Norbert kannte den Rechtsanwalt, der schon seit Jahrzehnten seine Frau und deren Familie betreut hatte. Er hatte Vertrauen zu ihm und wollte ihn beiziehen, um den Inhalt seines Testamentes mit ihm abzusprechen und dann niederzuschreiben.
(2) Erstellen eines Entwurfes für die Todesanzeige.
(3) Erstellen einer Liste mit den Adressen der Leute, denen eine Todesanzeige zugesandt werden soll.
(4) Besprechen des Testaments mit seiner Frau Olga.
(5) Anlegen eines Ordners mit allen wichtigen Informationen zu seinem Tode samt Hinweis, wo das Testament verwahrt sein würde.
(6) Festlegen, in welcher Zeitung die Todesanzeige zu veröffentlichen sei.
(7) Aussuchen eines Fotos für die Todesanzeige, wobei Norbert noch nicht wusste, ob er auf seiner Todesanzeige wirklich ein Foto wollte. Aber sicherheitshalber würde er doch eines aussuchen.
(8) Zusammenschreiben, welche Vereine, Organisationen, Institutionen und Behörden vom Tod zu verständigen sind.
(9) Anfertigen einer Liste des Vermögens von Norbert.
(10) Anfertigen einer Liste der Schulden von Norbert.
(11) Anfertigen einer Liste der Forderungen, von wem also Norbert noch etwas zu bekommen hatte.

(12) Erheben der Adresse der Stelle, von der Norberts Frau Olga ihre Rente bekommen würde.

(13) Vorbereitung des Antrages auf Auszahlung der Rente.

(14) Erstellen einer Liste über die Sachen im Betrieb, die sein persönliches Eigentum sind, insbesondere Möbel, Bilder und Erinnerungsstücke an seine Vorfahren. Norbert hatte nämlich vor vielen Jahren seinen Geschäftsfreund Paolo als Partner in seinen kleinen Betrieb aufgenommen. Norbert spürte, dass es viel günstiger war, diese Liste jetzt zu machen und mit Paolo zu besprechen. Dadurch wurde verhindert, dass nach seinem Tode Olga und sein Geschäftsfreund Paolo in gemeinsamer Unsicherheit hilflos waren.

(15) Aufschreiben, welchen Betrag Olga nach seinem Tode aus dem Betrieb als einmalige Zahlung und welchen Betrag sie als laufende Rente erhalten würde. Obwohl dies alles klar geregelt war, fand es Norbert günstig, dies schon jetzt für seine Frau zusammenzustellen. Wer weiß, ob sie sich später problemlos in allen Vereinbarungen zurechtfinden würde.

(16) Gemeinsam überlegen, wo sein Grab sein würde und wie es gestaltet werden sollte.

(17) Überlegen, welche Inschrift sein Grabstein tragen sollte.

(18) Überlegen, ob und allenfalls welche Teile seines Vermögens schon vor seinem Tode an seine Frau oder seine Kinder übertragen werden sollten.

(19) Überlegen, ob er seine Frau Olga zur Alleinerbin einsetzen solle und deshalb von seinen Kindern einen Verzicht auf ihren Pflichtteil einholen müsse.

(20) Erstellen von Gebrauchs- und Bedienungsanleitungen für einzelne Geräte und Apparate, die immer nur von ihm bedient und betreut wurden. Für jedes Gerät würde er auf einem Blatt die wesentlichen Informationen, die Bedienungsanleitung, den Ersatzteillieferanten, die Bezugsquelle für Farbpatronen, die mit dem Gerät vertraute Reparaturwerkstätte und den Namen des dortigen Ansprechpartners zusammenstellen. Es kamen viele „Geräte" zusammen: Auto, Video, Fernseher, Computer, Drucker, Kamera, alter Filmprojektor, altes Tonbandgerät. Norbert war überrascht, wie viele Geräte er hatte.

(21) Dabei wurde Norbert bewusst, dass er sinngemäß das Gleiche für die Wohnung zusammenschreiben sollte, also Informationen für die Bedienung der Heizung, der Sanitärinstallationen, für Telefon- und Antennenverkabelungen, für miteinander gekoppelte Stromkreise für die Beleuchtung, für Sicherungsschaltungen, für die Haupthähne für Gas und Wasser.

(22) Erstellen einer Liste der Zeitschriften und Zeitungen, die sie im Abonnement bezogen, so dass Olga nach seinem Tode schnell und ohne Aufwand entscheiden konnte, welche Abonnements sie kündigen würde.

(23) Festlegen, was wegzuwerfen ist. Norbert entschied sich nach der bewährten Methode, in jedem Zimmer von der Türe ausgehend, „rechts der Wand entlang“ den Inhalt jeder Schublade, jedes Kastens und jeder Stellage zu durchforsten. Er würde alles in vier Kategorien einteilen:

a) Sachen, die jetzt sofort wegzuwerfen sind, insbesondere ganz persönliche Aufzeichnungen. Das würde er jetzt gleich machen.
b) Sachen, die erst nach seinem Tode weggeworfen werden sollten.
c) Sachen, bei denen er unsicher war, was damit geschehen sollte. Diese legte er in einen großen Karton, darüber wollte er später entscheiden.
d) Sachen, die einen besonderen emotionalen Wert hatten, über die er im Testament verfügen würde oder die er jetzt schon verschenken würde.

(24) Anfertigen einer Videoaufnahme. Hier war Norbert unsicher, ob er dies wirklich wollte. Er dachte daran, aus seinem Leben zu erzählen, so dass auch seine Kinder, Enkel und Urenkel in der Zeit nach seinem Tode eine persönlichere Erinnerung an ihn hätten. Dies galt vor allem für jene Nachfahren, die ihn nicht mehr persönlich bewusst erlebt hatten. Er selbst hätte nämlich gerne Video- oder Tonbandaufnahmen von seinen Großeltern und seinen Urgroßeltern gehabt. Er wusste, dies wäre für ihn extrem interessant gewesen, als eine einzigar-

tige Erinnerung an seine Vorfahren. Aber er spürte gleichzeitig auch die Angst, so etwas in Angriff zu nehmen. Er wusste nicht genau, woher diese Angst kam. Vielleicht war es die Angst, sich selbst zu wichtig zu nehmen. Er wusste es einfach nicht.

(25) Beschriftung der vielen Fotos auf der Rückseite. Überall waren Fotos aus den letzten Jahrzehnten verstreut. In Kästen, Schachteln, Kuverts, Mappen und Schubladen. Er wollte überall den Namen der Personen, den Anlass der Aufnahme und das Datum der Aufnahme vermerken.

(26) Wenn er Zeit dazu fand, würde er die Fotos auch noch chronologisch sortieren und einkleben. Aber das konnte er sich vielleicht wirklich für das letzte Jahr aufsparen. Außerdem war es ja nicht unbedingt notwendig, dass er das selber machte.

(27) Auch die zahlreichen Filme, Videos und Tonbandkassetten würde er durchsehen und jene, die Familienaufnahmen und persönliche Aufnahmen enthielten, getrennt von allen anderen Aufnahmen verwahren und beschriften.

(28) Abschiedsbrief an seine Angehörigen. So wie er es bei seinem Großvater und Vater erlebt hatte, wollte er auch gerne einen Abschiedsbrief an seine Familie schreiben. Von seinem Vater gab es mehrere Abschiedsbriefe, da dieser noch in einer Generation lebte, in der der eigene Todestag vorher nicht bekannt war. So waren aus verschiedenen Jahren drei verschiedene Abschiedsbriefe vorhanden. In seinem Fall war Norbert noch unsicher, was der

Inhalt sein sollte. Deshalb beschloss er, dies noch aufzuschieben.

(29) Zusammenstellung der wichtigsten Erfahrungen und Gedanken aus seinem Leben und, soweit passend, aus welchen Erlebnissen er sie gewonnen hatte. Er war zwar überzeugt, dass niemand den Kindern das Recht nehmen dürfe, die gleichen Fehler, die die Eltern gemacht hatten, auch selber zu machen. Er wusste auch nicht, ob seine Kinder seine Erfahrungen annehmen konnten. Aber das war ihre Sache. Er würde sich erleichtert fühlen, wenn er seine Erfahrungen und Gedanken festgehalten hatte, ganz gleich, ob sie von seinen Kindern akzeptiert würden oder nicht.

(30) Überprüfung der Krankenversicherung. Norbert wollte bewusst mit Olga überlegen, ob im Bereich der Krankenversicherung etwas geändert werden sollte, um für sie beide eine gute Versorgung im Krankheitsfalle sicherzustellen.

(31) Inventarisierung seiner bescheidenen Münzsammlung. Er wollte ein Inventar anfertigen. Seine Erben sollten sich bei der Aufteilung leichter tun.

(32) Die gleiche Inventarisierung wollte er auch bei seiner kleinen Briefmarkensammlung machen.

(33) Da er selbst keinen Schmuck hatte, musste hier nichts geschehen. Er schlug aber seiner Ehefrau Olga vor, zu ihrem Schmuck jetzt schon gemeinsam eine Liste anzufertigen, damit sie diese später vor ihrem Tode nur noch ergänzen musste.

(34) Niederschreiben eines Berichtes zu den Möbeln, Bildern und sonstigen Gegenständen, an denen er besonders hing. In diesem Bericht wollte er bei jedem einzelnen Stück anführen, wo und wann er dieses erworben hatte, was der besondere Anlass war, der ihn zum Kauf bewogen hatte, und wodurch die besondere emotionale Bindung gegeben war.

(35) Zusammenstellung des eigenen Lebenslaufes für seinen Kegelklub. Im Klub war es üblich, dass im Monat nach dem Begräbnis ein spezielles Erinnerungskegeln zu Ehren des verstorbenen Mitgliedes stattfand. Der Obmann würde dabei dessen Lebenslauf schildern. Da er erst seit wenigen Jahren Mitglied war, wollte er die Peinlichkeit vermeiden, dass nach seinem Tode der Obmann mit seiner Frau Olga Kontakt aufnehmen musste, um die wesentlichen Inhalte seines Lebens zu erfahren. Da war ihm schon lieber, er schrieb seine Lebensgeschichte für seinen Kegelklub selbst zusammen. Seine Frau konnte diese nach seinem Begräbnis einfach an den Klub senden.

(36) Festhalten seiner eigenen Lebensgeschichte. Hier wusste er noch nicht, ob er das wirklich wollte. Einerseits hatte die ganze Familie immer große Freude an der Familienchronik, die der Großvater über viele Jahre geführt hatte. Und er wusste auch, wie schön es gewesen wäre, wenn diese Chronik von seinem Vater weitergeführt worden wäre. Andrerseits wollte er sich in den Augen

seiner Nachfahren nicht wichtig machen. Aber wenn er dann wieder darüber nachdachte, wie oft er das Lebensbüchlein in die Hand nahm, das seine Mutter bei seiner Geburt begonnen und in den ersten Jahren über ihn geschrieben hatte, fand er, er sollte seine Lebensgeschichte doch festhalten. Gerade im Büchlein seiner Mutter waren so viele lustige und auch ernste Geschichten und Anekdoten über ihn enthalten, die er immer wieder mit Freude las.

(37) Aufzeichnung der Familiengeschichte, soweit sie ihm noch vertraut und zugänglich war. Dazu fertigte er einen Stammbaum an und schrieb chronologisch verschiedene Ereignisse auf, die ihm in Erinnerung waren.

(38) Anlegen einer Liste der Kontakte, die Norbert vor seinem Tode noch intensivieren wollte. Er wollte diese Liste deshalb zusammenstellen, weil er Freunde und Bekannte hatte, die er schon seit Jahren besuchen wollte. Es gab Freunde, mit denen seit Jahren ein gemeinsamer Urlaub oder eine gemeinsame Reise geplant war. Diese wollte er dann konkret ansprechen und die Planung in die Wege leiten. Es mangelte bisher einfach am Druck, es wirklich in Angriff zu nehmen. Jetzt nahm er sich vor, vor allem im letzten Jahr einen konkreten Terminplan für Abschiedsbesuche zu erstellen.

(39) Erstellen einer Namensliste der Leute, die er und Olga unbedingt noch einladen wollten. Dies er-

schien Norbert, nachdem er es aufgeschrieben hatte, zwar etwas übertrieben, weil er ja noch fünf Jahre Zeit hatte. Aber dann ließ er es doch stehen.

(40) Erstellen einer „Nicht mehr"-Liste. Norbert wusste, dass er eine ganze Menge von Plänen hatte, die er teilweise seit Jahrzehnten verwirklichen wollte. Er fand, dass jetzt die richtige Zeit sei, einige dieser Pläne endgültig zu begraben und sich nicht mehr damit zu befassen. Zum Teil, weil er nicht mehr wollte, zum Teil, weil er einsehen musste, dass er den einen oder anderen Plan nicht mehr verwirklichen konnte. Dadurch wären diese Pläne aus seinem Leben entfernt und würden nicht mehr unerledigt in seinem Kopf herumschwirren. So würde er auch bei vielen Dingen, die er bisher aus Konvention tat, jetzt ein freundliches Nein sagen.

(41) Zusammenstellen der größeren geplanten Reisen. Dies wollte Norbert möglichst konkret schon mit geplanten Zeiten aufschreiben, damit sie auch wirklich realisiert und nicht erst im letzten Augenblick organisiert werden müssten.

(42) Erstellen einer Liste besonderer Vorhaben. Norbert war der Überzeugung, dass man sein Leben so gestalten könnte, dass an jedem Tag etwas Besonderes stattfinden würde, an das man sich auch noch nach Jahren erinnern könnte. Nicht genau an das Datum, aber an die besondere Situation oder das besondere Ereignis. Das könnten ganz bescheidene Kleinigkeiten sein wie ein Be-

such, ein Telefonat, ein Gespräch, ein Einkauf, eine neue Wanderung, das Lesen eines besonderen Buches, die Erfüllung eines alten Wunsches. Die Auswahl war unbegrenzt.

(43) Norbert wusste, dass es einige Leute gab, denen er in besonderer Dankbarkeit verbunden war. Leute, die in besonderer Weise sein Leben bereichert hatten. Er wollte eine Liste dieser Menschen erstellen. Er konnte dann später entscheiden, ob es ihm angenehmer war, seinen Dank brieflich zu übermitteln oder ob er dies in einem Gespräch erledigen wollte.

(44) Norbert wollte auch bewusst jetzt schon Abschied und Verlust einüben: Er wollte sich beizeiten, er dachte ab heute, freiwillig von geliebten Gegenständen trennen und sie verschenken. Wenn er die Trennung als schmerzlich empfinden würde, wollte er daran denken, dass damit ein Teil seines Sterbens vorweggenommen würde.

Als Norbert die Liste dann wieder durchlas, erschrak er über die vielen Punkte. Er fand jetzt plötzlich alles viel zu sehr ins Detail gehend, viel zu kleinkariert. Aber dann entschloss er sich doch, die Liste vorläufig einmal so stehen zu lassen. Streichen konnte er ja immer noch.

Norbert wusste auch, dass einige Angaben nur vorläufig, nur ein erster Entwurf waren. In den nächsten fünf Jahren würde sich noch etliches ändern. Aber dann müsste er die Texte mit geringem Aufwand nur mehr der geänderten Situation anpassen.

Bereits bei der Erstellung der Liste spürte Norbert die Freude, die es ihm bereiten würde, diese Arbeiten jetzt zu machen, locker und ohne Zeitdruck. Auch freute er sich bereits jetzt auf die Erleichterung, die er bei jeder Aufgabe, die er erledigt hatte, verspüren würde.

55. Der Tod bringt die Freiheit

Bevor jedem Menschen der Endtag bekannt war, waren die Gedanken an das Sterben, an den Tod, meist mit Ängsten verbunden.

Dabei zählte der Tod zu den Stärken jedes Menschen. Den Tod kann einem niemand nehmen und er begrenzt jedes Leid und jeden Schmerz.

Nur wer den Tod vor Augen hat und voll bejaht, ist wirklich ein freier Mensch. Wenn ich mich mit dem Tod abfinde, kann mich niemand erpressen oder auf Dauer zu etwas zwingen.

Denn alle Drohung mit Folter, Lächerlichmachung, geistiger Zerstörung oder zwangsweiser Einweisung in eine Nervenheilanstalt, wie es in Diktaturen oft geschehen ist und noch immer geschieht, finanzielle Probleme, Einsamkeit, Verletzungen, Verkrüppelungen oder schwere Krankheit sind nur wirksam bis ans Lebensende.

Der Tod hebt alles auf, beendet alles. Ein Gegner kann mir Schmerzen zufügen, aber letztlich werde ich doch siegen durch meinen Tod. Den kann mir niemand endgültig nehmen.

Und damit kann mir auch niemand meine Freiheit im wesentlichen und entscheidenden Punkt nehmen. Die Sicherheit des Todes gibt mir die Sicherheit, jederzeit zu dem stehen zu können, was ich als richtig erkannt habe. Natürlich kann es in der Praxis des Lebens häufig anders laufen. Aber wenn ich mit aller Konsequenz wollte, könnte ich dazu stehen. Ein ungeheuer befreiendes Gefühl.

Gäbe es den Tod nicht, wäre der Mensch unsterblich. Die Herausforderung des Todes würde fehlen. Das Leben verlöre einen Endpunkt, vielleicht auch seinen Sinn, sein Ziel und seine Erfüllung.

Es würde langweilig und gleichförmig werden. Oder, wie es einmal kurz und bündig formuliert wurde: „Des Lebens Würze liegt in der Kürze. Fände es unendlich statt, hätte man es sehr bald satt."

Aber man sah es in der Regel nicht so, man ließ den Gedanken an das Sterben überhaupt nicht zu oder schob ihn weit weg. Der Tod wurde tabuisiert. Nur wenige Menschen, vor allem Philosophen und Künstler, sahen das anders:

Schon von Sokrates (469–399 v. Chr.) ist uns die folgende Aussage überliefert: „Niemand weiß, was der Tod ist, nicht einmal, ob er nicht für den Menschen das Größte ist unter allen Gütern."

Der griechische Philosoph Epikur (341–270 v. Chr.) erkannte: „Wer sterben gelernt hat, hört auf, ein Knecht zu sein."

Ähnlich schrieb der französische Schriftsteller und Philosoph Michel de Montaigne (1533–1592): „Es ist ungewiss, wo der Tod unser wartet; erwarten wir ihn überall. Die Besinnung auf den Tod ist Besinnung auf die Freiheit. Wer sterben gelernt hat, der hat das Dienen verlernt. Sterben zu wissen, befreit uns von aller Unterwerfung und allem Zwang. Das Leben hat kein Übel mehr für den, der recht begriffen hat, dass der Verlust des Lebens kein Übel ist. Wie unsere Geburt für uns die Geburt aller Dinge war, so wird unser Tod uns der Tod aller Dinge sein. Darum ist es dieselbe Narrheit, darüber zu klagen, dass wir in hundert Jahren nicht mehr leben werden, wie darüber, dass wir vor hundert Jahren noch nicht lebten. Warum fürchtest du deinen letzten Tag? Er trägt nicht mehr zu deinem Tode bei als jeder andere. Der letzte Schritt macht nicht die Müdigkeit, er tut sie nur kund. Alle Tage gehen zum Tode, der letzte langt an."

Der begnadete Salzburger Komponist Wolfgang Amadeus Mozart (1756–1791) äußerte sich wie folgt: „Da der Tod, genau zu nehmen, der wahre Endzweck unseres Lebens ist, so habe ich mich seit ein paar Jahren mit diesem wahren, besten Freunde des Menschen so bekannt gemacht, dass sein Bild nicht allein nichts Schreckendes mehr für mich hat, sondern recht viel Beruhigendes und Tröstendes! Und ich danke meinem Gott, dass er mir das Glück gegönnt hat, mir die Gelegenheit zu verschaffen, ihn als den Schlüssel zu unserer wahren Glückseligkeit kennen zu lernen. Ich lege mich nie zu Bette, ohne zu bedenken, dass ich vielleicht (so jung, als ich bin) den anderen Tag nicht mehr sein werde – und es wird doch kein Mensch von allen, die mich kennen, sagen können, dass ich im Umgange mürrisch oder traurig wäre – und für diese Glückseligkeit danke ich alle Tage meinem Schöpfer und wünsche sie von Herzen jedem meiner Mitmenschen."

Im gleichen Sinn äußert sich auch der deutsche Schriftsteller Johann Gottfried Seume (1763–1810): „Wer den Tod fürchtet, hat das Leben verloren."

In Österreich wurde am 2. März 1998 ein damals 10-jähriges Mädchen von einem Mann entführt und über acht Jahre in einem Keller gefangen gehalten. Nach der Flucht am 23. August 2006 wurde die 18-jährige Frau gefragt, ob sie während ihrer Gefangenschaft im Keller nicht große Angst gehabt hätte. Sie antwortete sinngemäß, dass sie keine Angst gehabt hätte, sie wusste ja, dass sie bald sterben würde.

Die gleiche Gelassenheit spürte Diego Asencio. Er war Gefangener von kolumbianischen Guerillakämpfern: „Ich war sicher, dass ich sterben würde. Dieses Gefühl machte mir eigenartigerweise keine Angst. Erst Tage später, als es möglich schien, dass ich vielleicht doch überleben würde, kehrte die Angst zurück" (Amanda Ripley: Survive – Katastrophen – wer sie überlebt und warum, Scherz Verlag 2009, S. 106).

Wo früher nur ganz wenige Menschen den Tod mit Freiheit in Zusammenhang gebracht hatten, hat sich jetzt die Situation grundlegend gewandelt. Dadurch, dass alle ihren Endtag wissen, hat der Tod seine zeitliche Unsicherheit verloren und trägt so dazu bei, das vorhergehende Leben sehr viel bewusster zu erleben und den Tod als Höhepunkt des Lebens zu erwarten.

Nachwort, eigentlich ein Vorwort

Die ersten Gedanken zu diesem Buch reichen bis in das Jahr 1970 zurück, konkret und dann intensiver beschäftige ich mich seit 1977 damit.

Genauer seit Juni 1977.

Im Juni 1977 starb die Mutter eines lieben Freundes an Krebs. Sie war seit einem Jahr im Krankenhaus. Nach der letzten Diagnose des Arztes wussten alle, dass es nur mehr eine Frage von Monaten sein würde, bis die Mutter sterben würde. Nur sie wusste es nicht. Und die Familie wollte ihr dieses Wissen ersparen. So ging es bei allen Gesprächen und bei allen Besuchen darum, dass sich ihr Zustand bessern und sie wieder gesund aus dem Krankenhaus kommen würde. Man redete deshalb über dieses und jenes, über diese und jene Belanglosigkeit.

Mein Freund litt zusehends mehr unter dieser Zerrissenheit. Zu wissen, dass seine Mutter nicht mehr lange leben würde, und trotzdem mit ihr über alles Mögliche, nur nicht über ihren bevorstehenden Tod reden zu können.

Man müsse sie schonen, dürfe ihr nicht die Hoffnung nehmen und dürfe ihr vor allem nicht sagen, dass ihr Leben nicht mehr lange dauern werde, meinte die Familie.

Schließlich entschloss sich mein Freund trotz Widerstand aus der eigenen Familie, mit seiner Mutter Klartext zu reden. Er erklärte ihr, dass es für ihn unerträglich geworden sei, angesichts der kurzen Zeit, die sie noch zu leben hätte, nur über Nebensächlichkeiten zu reden. Und nicht über ihren bevorstehenden Tod.

Die Mutter war ungeheuer erleichtert. Sie hatte selbst schon seit längerer Zeit gespürt, ja gewusst, dass ihr Leben zu Ende ging. Und sie hatte niemanden, mit dem sie darüber reden konnte, weil alle sie schonen wollten.

Sie sei so glücklich, dass sie jetzt in ihrer Einsamkeit und mit ihren vielen Gedanken wegen des bevorstehenden Todes endlich einen Gesprächspartner habe, mit dem sie über alles reden könne.

Ab diesem Zeitpunkt waren diese Gespräche meines Freundes mit seiner Mutter ein ganz besonderes Erlebnis. Er habe, so erzählte er mir, noch nie eine so tiefe Beziehung zu seiner Mutter gehabt wie in diesen letzten Wochen durch diese Gespräche.

Ich habe über diese Situation lange nachgedacht. Wie würde es mir dabei gehen? Zu wissen, dass ich in vier Monaten sterben werde. Was würde ich in meinem Leben ändern? Und dann habe ich versucht, schriftlich festzuhalten, was ich ändern würde. Es war gar nicht so einfach.

Aber am Ende dieser Überlegungen stellte ich immer wieder fest: Ich weiß, dass ich sterben muss. Ich weiß nur nicht, wann.

Und immer wieder stellte ich mir die Frage: Wenn ich weiß, was ich ändern würde, wenn ich in vier Monaten sterben würde, warum ändere ich es dann nicht gleich? Wo ich doch die Gewissheit meines Todes habe. Und nur der Zeitpunkt noch offen ist!

Und daraus entwickelte sich im Laufe der Jahre die Frage, wie wohl jeder sein Leben gestalten würde, wenn er bereits jetzt seinen Todestag wüsste. Es war spannend. Einige Gedanken davon haben im vorliegenden Buch ihren Niederschlag gefunden.

Denn sobald jemand weiß, wann sein Todestag ist, beginnt er notwendigerweise zu überlegen, was er mit seiner restlichen Zeit machen soll. Warum überlege ich nicht bereits heute? Denn für jeden Tag gilt: Heute ist der erste Tag im Rest meines Lebens.

Das Leben würde dadurch wohl bewusster. Es erzwingt geradezu eine neue Art des Bewusstseins. „Denn wenn ich mir konkret vorstelle, nur noch einen Tag zu leben, dann erahne ich etwas vom Geheimnis des Lebens. Dann übe ich mich ein in die Kunst, ganz im Augenblick zu leben und bewusst und achtsam in dem zu sein, in dem ich gerade bin“ (Anselm Grün: Wenn ich nur noch einen Tag zu leben hätte, Kreuz Verlag 1999, S. 5).

Franco Rest wies eindringlich darauf hin, wie schwer es uns fällt, zu sagen, was jeder von uns weiß: „Ich bin sterblich. Ich muss sterben. Eines Tages bin ich tot.“ Versuchen Sie einmal, diese drei Sätze laut zu sagen (Franco Rest, Professor für Erziehungswissenschaften und Sozialethik an der Fachhochschule Dortmund: Sterben Sie Ihren eignen Tod, Publik-Forum, 17. 11. 1978, S. 24).

Auf den Punkt gebracht hat es der Begründer der Psychoanalyse, Sigmund Freud (1856–1939): „Im Grund glaubt niemand an seinen eigenen Tod. Im Unterbewussten ist jeder von seiner Unsterblichkeit überzeugt“ (Beneder: Wohin gehe ich?, S. 24).

Ein Kollege aus dem Innsbrucker Gemeinderat hat von einem Erlebnis seines Großvaters aus den Jahren um 1920 erzählt: In Virgen bei Matrei in Osttirol gab es zahlreiche weit verstreute Bauernhöfe in etwa 1500 m Höhe. Die meisten waren nur zu Fuß erreichbar.

Jeden Donnerstagabend kamen die Bauern beim „Santl“ (Chrysant) zusammen, um zu „karten“, also um Karten zu spielen. Santls Schwester Agnes bereitete immer eine kleine Jause für die Nachbarn vor. Und so war es auch wieder an dem Donnerstag, von dem jetzt die Rede ist.

Alle waren da, nur der Santl fehlte. Auf die Frage, wo er denn heute sei, erklärte Agnes: „Der Santl tut heut nit karten, der tut heut sterben.“

Und so war es dann auch. Der Santl lag in der Stube auf dem Ofengestell oben, wo es schön warm war. Dort hatte er sich zum Sterben hingelegt. Und er starb in dieser Nacht.

Der Tod gehörte in den bäuerlichen Kreisen damals so völlig normal zum Leben, dass er in einem Satz mit dem Kartenspiel erwähnt wurde.

Vielleicht hilft die Utopie dieses Buches, den Tod als natürlichen Abschluss des Lebens zu akzeptieren, den Tod normal werden zu lassen. Weil diese Utopie dem Tod die Unsicherheit nimmt, wann er sein wird.

Und damit ein auch Angst auslösendes Element wegfällt.

Vielleicht hilft es auch, sich bereits jetzt auf den Tod vorzubereiten. Sich geistig für den Tod zu wappnen. Und zwar ohne Angst. Und ohne die Angst vor der Angst. Oder zumindest mit möglichst wenig Angst.

Möglicherweise sind auch die Berichte von Menschen, die klinisch bereits tot waren, also eine Todeserfahrung erlebten, hilfreich. Elisabeth Kübler-Ross, Raymond A. Moody und Kenneth Ring berichten aus ihren Interviews mit Menschen, die Nahtoderlebnisse hatten, dass diese nach diesen Erlebnissen fast ausschließlich keine Angst mehr vor dem Tod haben.

Vielleicht hilft es, den Tod neben der Geburt als zweiten Höhepunkt des Lebens zu sehen.

Otto von Habsburg (1912–2011) hat es 93-jährig in einem Interview im Zusammenhang mit der Kapuzinergruft in Wien, in der er einmal wie seine Vorfahren begraben werden sollte, so formuliert: „Der wichtigste Tag im Leben eines Menschen ist sein Todestag."

Ich hatte das Interview am 1. Mai 2006 knapp vor Mitternacht im österreichischen Fernsehen gesehen. Um sicherzugehen, dass ich ihn richtig verstanden und zitiert hatte, habe ich ihm das Manuskript dieses Buches geschickt.

Seine Antwort finden Sie auf der folgenden Seite:

UNION PANEUROPÉENNE
INTERNATIONALE
PANEUROPA-UNION

Dr. Otto v. Habsburg

Hindenburgstraße 15
D-82343 Pöcking
Tel. +49-8157-7015
Fax +49-8157-7087
E-Mail: habsburg@habsburg.de

Herrn
Dr. Ivo Greiter
Maria-Theresien-Str. 24
A-6020 Innsbruck

Sehr geehrter Dr. Greiter,
haben Sie vielen Dank für Ihren Brief vom 22. Januar mit Ihrer interessanten Schrift.
Die Aussage können Sie selbstverständlich schreiben oder verwenden, wie Sie es für richtig halten. Ich stehe zu dieser Aussage, denn schließlich wenn man Christ ist, weiß man, dass unser Leben in der Hand Gottes liegt. Daher ist es gut, da man überzeugt ist, dass Gott unser Bestes will, den Tag des Todes in den Händen Gottes zu lassen. Allerdings muss man sich darauf persönlich so einstellen, dass man jeden Tag zumindest innerlich bereit ist, wenn der Ruf kommt.
Zumindest habe ich das immer so verstanden. Das ist sehr logisch und ich habe das in so manchen ziemlich kritischen Momenten eines immerhin stark sturmbewegten Lebens immer so gesehen und glaube, dass das für den Menschen und für die innere Sicherheit die beste Formulierung ist.
Ihnen in Ihrer Arbeit viel Erfolg wünschend,

mit herzlichen Grüßen

OTTO VON HABSBURG

Und damit sind wir auch schon bei der Frage, was die Botschaft dieses Buches ist.

Die Botschaft dieses Buches ist es, dazu beizutragen,

- dass die Angst vor dem Tode reduziert und vielleicht sogar ganz genommen wird;
- dass dadurch ein angstfreieres, erfüllteres Leben für jeden Einzelnen möglich wird und
- dass dadurch das Leben insgesamt glücklicher wird.

Es ist also nicht Ziel dieses Buches, die ihm zugrunde liegenden Utopien zu befürworten. Um es ganz klar und unmissverständlich zu formulieren: Die Botschaft dieses Buches ist

- nicht die Forderung, dass die Medizin in die Lage kommen soll, den konkreten Todestag eines Menschen ermitteln zu können;
- nicht die Forderung, dass im Geburtsschein eines Menschen der Todestag eingetragen werden soll, und dementsprechend auch
- nicht, dass diese Eintragung durch Gesetze erzwungen werden soll.

Alle Diskussionen und Überlegungen, ob es sinnvoll sei, diese Utopien anzusteuern und zu verwirklichen, gehen am Anliegen des Buches vorbei.

Es wird auch auf Dauer eine Utopie bleiben, das konkrete Datum des eigenen Todes aus einer Genanalyse zu erhalten. Allein schon auf Grund des eigenen Lebensstils und der Ergebnisse der medizinischen Forschung sowie deren Auswirkungen auf die Gesundheit müsste jeder fiktiv ermittelte Endtag regelmäßig neu festgelegt werden.

Ganz abgesehen davon, dass im organischen Leben Präzisionen im Bereich der Voraussage von einem Tag, also im Bereich von Hundertsteln von Promillen der gesamten Lebenszeit undenkbar sind.

Um aber die Botschaft des Buches eindringlich zu vermitteln, wurde eine irreale Möglichkeit, also eine Unmöglichkeit, in utopischer Weise als reale Möglichkeit angenommen: nämlich den eigenen Endtag genau zu wissen.

Dieses Szenario war notwendig, um darauf die Fiktionen und Utopien des Buches aufbauen zu können. Vielleicht ist das Werk so auch eine kleine Hilfe für ein bewussteres Leben.

Es ist spannend zu lesen, was die krebskranke Birgit Hamann vor Jahren auf die Frage, ob sie noch Hoffnung habe, in der Zeitschrift GEO Wissen (2005, Nr. 36, S. 110) geantwortet hat: „Ja, aber es ist nicht die Hoffnung, dass ich noch lange lebe. Es ist die Hoffnung, mich freuen zu können in der Zeit, die mir noch bleibt. Heute dieses Glück. Morgen jenes Glück. Kleine Glücks eben. Das Leben ist doch nach wie vor schön."

Vor vielen Jahren gab es mittags um 13.13 Uhr im Radiosender Tirol Regional eine Sendung mit Anrufen von Hörern. Jeden Tag zu einem anderen Thema. Die Zuhörer konnten anrufen und ihre Meinung direkt in die laufende Sendung einbringen.

Es war Anfang November, zur Allerseelenzeit, als das Thema Sterben erörtert wurde. Ich hörte eine alte Bäuerin zum Moderator sagen:

„Ich möchte Ihnen sagen, ich freue mich auf das

Sterben." Der Moderator etwas fassungslos: „Ja leben Sie denn nicht gerne?" „Doch, ich freue mich über jeden Tag, den ich am Leben bin, ich genieße jeden Tag. Und ich freue mich, wenn ich dann sterben werde."

Eine Aussage, die mich immer wieder in ihrer Klarheit beeindruckt. Freude am Leben und überhaupt keine Angst vor dem Tode.

Vielmehr Freude auch am Abschluss des Lebens, wenn dieses bewältigt, geschafft ist. Eine Zuversicht, die das ganze Leben mit Freude erfüllen kann.

Dank

Ein großer Dank geht an die im Folgenden aufgezählten Testleser, die das Manuskript erhielten und mit vielen ganz persönlichen Anregungen und Hinweisen zum Erscheinen dieses Buches beigetragen haben:

Adi K., Albert E., Alfred H., Andi B., Andrea G., Andrea H., Andrea S., Anke B., Anna G., Annemarie H., Anni E., Barbara K., Barbara S., Bianca B., Christine H., Christoph N., Dietmar B., Dietmar M., Dorle S., Ekkehard H., Felix B., Felix M., Florian H., Friedrich G. von W., Fritz L., Gabi N., Georg S., Georg W., Gritta H., Gunda R., Gustav F., Hannes T., Hanni S., Hanspeter N., Hartmann H., Helene G., Helene M., Hermann G., Hilde Z., Idi L., Johanna B., Joseph H., Karin S., Karl-Peter W., Klaus Schä., Klaus Schr., Lieselotte M., Lilith S., Lothar M., Lutz S., Manfred P., Manfred S., Marcella P., Margarethe E., Margarethe S., Markus G., Matthias M., Maximilian E., Michael F., Michael K., Michael S., Mirjam H., Neli D., Ossi S., Otto von H., Peter F., Peter G., Peter L., Peter M., Raimund S., Rainer P., Renate M., Rolf R., Siegi N., Sieglind H., Siggi G., Stephan L., Thomas S., Trude G., Ulla R., Ulrike F., Uti G., Waltraud K., Waltraud P., Winfried H., Wolfgang Sch., Wolfgang So. und Wolfgang St.

Durch diese Testleser wurde die Aussage meines Buches immer wieder ergänzt und bereichert. Wenn auch Sie, lieber Leser, einen Beitrag, eine Anregung oder einen Kommentar zum Thema Endtag haben, freue ich mich über Ihre Zuschrift unter der Adresse:
Ivo W. Greiter
Conradstraße 12,
A-6020 Innsbruck
E-Mail: ivog60@gmail.com

Vielen Dank!

Ivo W. Greiter

Stichwortverzeichnis

(Die Ziffern betreffen die Seiten des Kapitelanfangs)